不正会計と経営者責任

—粉飾決算に追いこまれる経営者—

守屋俊晴

創成社新書
56

まえがき

古代ローマの時代や紀元前の中華にも「会計」は認識されていた。中国の古い戒めの言葉に「国家財政健全化の基本的条件」として「入りを計《はか》りて出《いず》るを制する」という「収支均衡の遵守」を求めたものがある。「入りを計る」（収入予算）ことも「出を制する」（支出予算）ことも会計である。この会計を担う担当者は専門職であり、緻密な計算ができなければ不可能な役職である。

このように会計は重要な役割を果たしてきた。会計は国家にとって基本的に重要な情報であり、初代ローマ皇帝アウグストゥス（ユリウス・カエサルの養子）は帳簿を付けさせ自ら管理し、記録を整備した。それが今日「皇帝の帳簿」として知られているものである。国家の将来構想や計画立案に活用し、また国民の同意を得る意図のもとに「帳簿の公開」をも行った。しかし、この会計システムは重大な欠陥を内蔵していた。帳簿は付けられ監査も受けたが、不正の余地が大きかったからである。

イタリアのメディチ家の盛衰は「会計の軽視」にあった。メディチ銀行は、会計を活用して銀行業を発展させ、文化の面と政治の場で圧倒的な存在感を発揮させたが、その後、彼らはすべてを失った。後継者が「会計が必須の知識である」ことを忘れたからである。コジモ・デ・メディチは優秀な銀行家だったが、息子たちに「会計の知識と運用の効能」を教えなかったことから放漫経営を行うことになっていったからである。

会計（適正な財務諸表の作成）は、その作成責任者（国王や代表取締役）の意図によって左右される。適正な財務諸表（財政状態の把握）なくして国家や企業の適切かつ有用な運営はできない。1573年にスペイン国王フェリペ二世から財務長官に任命されたオヴァンドは会計情報を元帳で一元管理し、優秀な官僚チームを編成し、財務庁のあらゆる決定を下す財務会議に参加させる必要があると考えたからこそ、教育「簿記と会計」の必要性を認識していた。そのため、財務庁に必要な者は専門知識を備え監査もできる「事務官や会計官」であるとフェリペ二世に進言している。そうなって初めてスペインは完ぺきな帳簿を作ることができると考えていた。しかしフェリペ二世は会計情報の必要性から離反していき、野心と愚行に取り付かれていく。それが「イングランド制覇」と「アルマダ（スペイン無敵艦隊）計画」であり、その失敗（敗北）からスペインは財政的に苦境に陥ることになる。

中世のヨーロッパを支配していた王家はハプスブルク家で、これに対抗できたのがブルボン家である。このブルボン家が繁栄を極めた時期の王がルイ十四世である。かれは政権運営における会計の有用性を認めたが、後には責任を問う手段としての脅威に気づき、会計から離反していく。知ること（国の財政状態）の重要性を認識しているが、それを知られる苦痛（王家の消費活動支出）が、それを上回ったからである。

ルイ十四世を手助けしたのはコルベールであり、時の君主制を支えたのは「複式簿記に通じた最高の会計顧問」だった。ルイ十四世は「コルベールに、会計の秘訣を伝授してほしいと頼み、のちにはコルベールとともに行った会計改革のことを息子に話して聞かせた」という。王国を経営する上で会計が重要な役割を果たしたことを国王は忘れなかった。

コルベールはルイ十四世に「よき監査責任者になるには、国王は簿記の基礎を学ぶ必要がある」と進言した。ルイ十四世は簿記を理解し、その有用性を認識した。このルイ十四世の時代に、フランス商事条令が発布された。これが後に会計の教科書となる『完全な商人』（1675年）である。しかしルイ十四世はコルベールの死後、コルベールのシステムを壊すとともに、巨額な財政負担を強いたヴェルサイユ宮殿を造営し、その結果フランス革命を起こさせる原因を作り、1715年にルイ十四世の死後、フランス国家は財政的に破綻した。

これまで述べてきたことは、歴史的に活躍した人たちの中に「会計の認識」があって、国家の財政政策に役立てていたとしても、その離反が国家の存亡（盛衰）に及んでいく事例を理解してもらうためである。これらのことは本書の本題（民間企業を取り上げている）と直接の関係がないとしても、会計認識の重要性を理解してもらうために「比喩的示唆」の手法として利用したものである。結論としては、不正会計に走らざるをえないところに追い込まれていった経営者に「求められるべき経営哲学」が欠落していたことを問題として取り上げている。そして本書は「経営者は自らを律すべき精神（企業経営という職業専門家としての職業倫理観）」を持っていなければならないということと、つねに回顧と規律を確かめていく必要性を説いている。

2016年6月

守屋俊晴

目　次

第1章　会計人の職業倫理と会計機能の認識

「善」と「悪」、その違いは「心の強さと弱さ」にある。世の中から「不正」と「犯罪」はなくならない。どのような不正防止策を構築したとしても「ヒトの悪の心（弱さ）」を封じこめることはできないからである。そして故意、作為による不正行為は後を絶たない。

1　不正会計と作為行為

循環取引と粉飾決算

日本経済新聞は、飲食事業会社グローバルアジア（ジャスダック上場会社）に対して、証券取引等監視委員会が「粉飾決算を行った疑い」で、警視庁組織犯罪対策3課と共同で、金融商品取引法違反（有価証券報告書の虚偽記載）容疑で強制調査を行ったことを報じている(1)（27・3・18夕、28・3・9）。ここでは「粉飾決算」としているが、4月に発覚した東芝問題では「不適切会計」という表記（表現）を行っている。新聞報道に差異がある。名門東芝に対する遠慮なのだろうか。町田祥弘は『週刊経営財務』「東芝の不正な財務報告問題の論点整理」の中で、不適切会計について「当初、東芝が社内に特別調査委員会を設置した際や、その後に第三者委員会を設置した際に当たっての説明の中で用いられた表現であり、（中略）意図的な虚偽表示を『不正な財務報告』という（中略）。東芝からの依頼にあった表現だからという理由によって『不適切会計』という用語を使い続けることには疑問が残る。[2]」と批判している。それは報道等の担当者の報道姿勢にも問題があるというべきである。なぜ、新聞等は「不適切会計」という表現を使い続けるのだろうか、過年度の有価証券報告書の訂正版を提出すれば「粉飾会計」そのものに該当するものと考える。また「不正会計」もしくは「会計不正」という表現も避けている。

いずれにしても上記のグローバルアジアについては、同日の新聞は「同社の12年3月期は476百万円の債務超過だったが、13年3月期は一転して27百万円の資産超過だった。同社は資産が増加した理由として『新株予約権発行などで資金を調達した』と公表したが、実際には調達した資金が社外に流失し、債務超過だった疑いがある。（中略）同社では14年にも新株予約権の発行で払い込まれた約2億円が全額引き出され、支出先が不明となる問題が発覚したが、同社は「決算訂正は不要」とする調査報告書を公表していた。」と過去の不適切もしくは疑惑ある会計取引を報じている。ここに示されている疑惑ある会計取引が不正会計のひとつの「循環取引」である。「支出先不明」との回答は、誰かが、おそらく経営者が特定の第三者に融資（実態は「資金還流」である）していると推認される。資金元への還流で、実態は「架空増資」と思われる。この支出金の実在性と回収可能性に対する会計監査人の監査責任が問われてくる。ここで拙著『監査人監査論』で取り上げた同様のケース（見せ金、架空増資事件）を紹介（要約）しておきたい(3)。

「東証2部に上場していた建設会社「井上工業」（群馬県高崎市）が15億円の自己資金を還流させて架空の増資を公表したとして、警視庁組織犯罪対策3課が同社元社長ほか数人を金融商品取引法違反（偽計取引）などの疑いで逮捕した。平成20年9月24日に、投資ファンド「アップル有限責任事業組合」を引き受けとする第三者割当増資（18億円）を実施し、資本金を53億円から62億円（筆者注、差額は資本準備金）に変更登記を行っている。しかしこの増資に対して当該ファンドに15億円が支払われていることから、この資金が増資資金の一部として利用された。9月22日の終値は11円であった。ファンド側は、実質3億円で新株を取得し増資発表後に市場で売却して多額の利益を得たとされている。全て売却したとすれば、増資資金として提供した井上工業はこの15億円が貸倒損失となる。以下の報酬の支払分を含めて計算すると、差引1億2，000万円の純収入であるが、この15億円の回収可能性が会社の命運を握っている。資金の回収は不能となり、増資の翌月に破産申請を行っている。増資の引受サイドは、3億円の元手で15億円の資金と増資金額の18億円相当分並びに報酬1億8、000万円を手に入れた計算になる。なお金融ブローカーに報酬として1億8、000万円を支払っている。18億円の資金調達に1億8、000万円という高額の報酬を支払っていること自体、経営者の経営姿勢が問われてくるべき行為である。ここに『経営者の経営責任』が問われてくる事件でもある。」

このような事件で、とかく問題とされるべきことは「監査人の監査責任」である。特定の事件に関与した監査人に限定されるケースであると思われるが「社長をはじめとする関係者への質問、意見交換は行っていると弁明しているが、監査調書を作成していない。問題がなかったから作成していないと言う説明を行っている。」ことなどがあり、このような監査人は、その他の事項についても同様な回答を行っているようである。

監査調書は、監査人として「十分かつ適切な監査手続」(専門用語、以下「適切な監査手続」と称する。)を実施したことを証明する唯一の証拠であり、監査人は監査手続を実施した場合、監査結果の是非は別として、必ず作成し整理保存しておかなければならない。重要な監査項目に関する監査調書を作成していないということは「適切な監査手続を実施していない」ものと判断される。しかし現実にいくつかの反証(関係会員の説明「弁明」)のなかで、重要な事項について経営者に確認したところ問題がなかったため監査調書はあえて作成するまでもないと判断したという説明がある。「会計監査の基本」は監査手続を実施した場合、その経緯つまり実施の時期、実施した監査手続の種類と方法、監査の結果を簡潔かつ明瞭にまとめておくものが監査調書であり、この監査調書をして監査人本人が適切な監査を実施したことを証明する唯一の証拠である。そのために監査人は適切な監査計画を策定したうえで、必要な監査手続を実施し、他方において不必要な監査手続の実施を排除することに留意して「効率的・有効的な監査」を実施することにしている。

会計士の不適切な監査の事例

適切な監査手続を実施していないことから、適切な監査証拠を入手しないまま監査証明を行って「懲戒処分」を受けている事例がいくつかある。そのうちのいくつかに触れておくことにする。対象としたのは、日本公認会計士協会の会員に送られてくるＪＩＣＰＡニュースレターの第２５７号（平成25年1月1日）～第２９０号（平成27年8月1日）のいずれかに記載（要約）されているものである。

① 投資資金の実在性と回収可能性検証の不可

ウェディングサポート事業を主要な業務とする東証マザーズ上場会社

「会社は、平成18年6月期から3期連続で赤字決算となっており、継続企業の前提に関する重要な疑義の注記がなされていた。特に、平成20年6月期以降は、債務超過となり、資金調達が困難な状況下で、中国企業との合弁で設立されたA社への投資資金38億円（会社の総資産の80％強）という虚偽表示リスクが高く、金額的に極めて重要性の高い出資金の実在性及び回収可能性について、適切な監査手続が実施されていなかった。」

本件ケースでは、会社の総資産の80％強を占める「投資資金38億円の実在性と回収可能性の検証」がすべてである。この38億円が支出された時期は前任監査人の時期であり、当該関係監査人（個人の共同監査）は監査契約を引き継ぐにあたって、この前任監査人への「適切な引継手続」を行っていなかったとされている。しかも前任者（大手監査法人）が監査意見を表明した財務諸表に記載されているこの資金に対する心証を引き継いで、後任監査人は自ら心証を得るための監査手続を実施していない。会計監査人に必要とされる「職業的懐疑心」を抱かなかったということに大きな監査手続上の欠陥があったと判断されるべき事案である。当該監査人は経営者から説明を受けて納得したということであるが、説明内容の信憑性を確認するべき適切な監査手続を実施していないことから適切な監査証拠を入手しないまま監査意見を表明していることになる。本件事案においては「ヒアリング議事録や検討調書等は作成されておらず」と指摘していることから、実際に経営者から説明を受けているのか、またその事実（経営者とのディスカッション）がもしあったとしても、その説明を受けた事実と内容の信憑性をどう評価したのか不明である。したがって監査意見を表明するための監査調書の作成・保存がされていない限り「監査意見を表明するに足る心証」を形成するにいたっていないと判断される事案である。また主要な事業について「要収入計画の基礎となる事業自体の検証も十分ではなかった。」ことから推認されることは、もともと、この事業計画（A社への投資）が存在していなかったことを窺わせる事案である。

② 架空循環取引と売上債権の回収可能性検証の不可
情報通信サービス事業を行うA社への投資　東証1部上場会社
「平成16年3月期の架空循環取引の出発点となった取引先を含む売上及び売掛金の監査手続について、売掛金残高確認差異調整調書等の売上及び売掛金の監査調書及び監査手続書の一部が欠落しており、実施した監査手続を説明できない状況においては、関係会員（筆者注：担当会計士）の監査手続及び監査調書レビューが適切に行われていたとは判断できず、かつ、監査調書の管理には重大な不備があった。（中略）平成18年3月期より売掛金の確認基準日を2月末日に変更しているが、会社の売上計上は期末月に集中していることから、確認基準日と貸借対照表日までの間のロールフォワード手続について、その範囲をはじめ、関係会員はより十分な深度ある監査手続を実施すべきであった。」本件事案で問題としていることは「売掛金残高確認差異調整調書等の売上及び売掛金の監査調書及び監査手続書の一部が欠落」しているということは、売掛金の確認先の会計帳簿の記載事項と当該監査会社の売上台帳（得意先元帳）に記載されている売上高（売掛金残高）との差異について合理的理由をもって合致させることができなかったことになる。

決算日が3月末日である会社に対して、売掛金の確認基準日を2月末日もしくは1月末日に実施している事例は決して珍しいことではない。監査手続のうちの実査、確認、立会は「貸借対照表日（決算日）の財産の実在性」を確かめる重要な監査手続であるが、決算日に実施した場合、監査報告書作成日までに事後手続（監査差異の検証）が間に合わないので、決算日の一定の前に実施することによって、当該監査手続の結果をまとめられるようにしている。現在の企業会計はすべてコンピューターで処理されている。会計操作も人の目の届かないブラックボックスの中で処理されている。この決算日前の監査手続は日常の取引行為を会計処理している「取引記録の信頼性」を監査するものであって、決算日の財産の実在性を確かめる監査手続ではない。取引記録の信頼性が確かめられた上で、決算日の財産の実在性に対する相対的な信頼性を付与されるものである。したがって本件事案の会社のような決算月に売上高が集中している会社の場合、期中の取引記録の信頼性に大きく依拠することは大きな監査リスクを負っていることになる。

現実に売掛金等に対する残高確認は、最近の傾向として期末日前に実施している。しかし期末月の売上高が多額な企業の場合、特定の取引については契約書や納品受領書の閲覧など他の実証手続を追加して実施する必要がある。決算日前の実施が可能なケースは、被監査会社の内部統制の有効性が高く、経常的かつ大量に取引される項目であって、かつ、発見リスクを低い水準に抑えることができる場合である。その場合でも期末日現在の残高が他の月に比較して突出している場合には、追加監査手続が必要になるのは当然である(4)。

③ 監査人の交替と不適切な監査意見の表明

小売業を支援するビジネス・ソリューションサービスを主要な業務とする大証ヘラクレス上場会社

会社の「売上高は、平成16年12月期には113億円であったが、会社の事業が不動産ソリューション事業に傾斜していくとともに、平成19年12月期には27億円へと下降していた。平成20年6月中間期について（中略）前任監査人（筆者注：当該期の会計監査人）

は、売上計上に関する取引の実在性について心証が得られなかったこと等から、平成20年6月中間期は意見不表明とする予定であると会社に説明していたところ、中間決算期末から3ヵ月経過後にもかかわらず監査契約を解除された。関係会員は、後任監査人として選任され、契約締結から5日後に有用意見を表明した。」この事案（前半部分）に係る不適切な監査手続は4点ある。（ア）平成20年6月中間期末の6月に極端に偏った売上が計上されていることと、この売上についての貸倒引当金が撤回されたこと、（イ）売掛金の監査手続について会社の説明を聞くのみで、その内容の合理的分析または検証を実施していないこと、（ウ）前任監査人に対し詳細な説明または監査調書の詳細な閲覧を求めていないこと、（エ）その結果、売上計上および売掛金の評価の妥当性に関する手続に重大な欠陥があった。

さらに重要な事実が「平成20年6月中間期から発生したE社との共同事業出資金318百万円の取引について、会社が発送して入手したとされる確認状のコピーを会社より入手して監査証拠としているが、その確認状には会社の代表者印と日付がなく、回答者の確認印のみとなっている。それにもかかわらず、追加手続は実施されておらず、また、これらの経緯も監査調書に記載されていない等、監査手続に重要な不備があった。」とされた事例である。

今時このような監査手続が行われているということ自体（監査レベル）後進的である。残高確認の方法については、確認書の回収方法として「積極確認」と「消極確認」の方法があり、また確認書の発送と回収の手続者の相違から「直接確認」と「間接確認」の方法がある。そして昭和40年代から残高確認の方法としては原則として「積極確認にして直接確認」の方法を適用すべきものとされてきたにもかかわらず、担当会計士は会社が実施した確認回答書のコピーをもって確認手続（監査証拠）の代用としている。重要な監査手続とされてきた実査、確認、立会のうちの「確認」について、実質的には実施していないということになる。本件事例における共同事業の出資金については、相手側が独立した第三者ではなく、広い意味でのグループ企業であることから、確認手続よりも「重要な監査要点」として、（ア）事業計画の適正性と近未来の収益性、（イ）資本構成と支配的影響力の妥当性、（ウ）人事構成の適正性および（エ）その他事業の特異性に関する事項などの諸点が挙げられる。

④　買戻し資産の資産計上額の妥当性と減損処理

創薬系バイオベンチャーの名証セントレックス上場会社

「会社は、平成16年4月に開発中の癌治療薬の30％持分権利及び一部地域販売権を、株主である韓国A社に３００百万円で売却したが、平成19年9月27日に同権利を総額６０８百万円で買い戻す譲渡契約を締結した。（中略）支払総額６０８百万円を平成21年5月期の第1四半期において特別損失として計上する旨を平成20年5月期末の後発事象として開示した。関係会員は、譲渡契約書による支払対価の資産計上及び開示後発事象とすることを容認していた。（中略）関係会員は、会計処理が取引実態を反映したものか否か検討するために必要な情報や事実関係資料を作成しておらず、会社の会計処理の妥当性についての検討が不十分であったと判断する。」

本件事案の中心的監査要点は「癌治療薬の持分権利と一部地域販売権」の取引行為であり、とくに「総額６０８百万円の買戻譲渡契約取引」の妥当性、合理性ならびに資産性の評価である。平成19年9月27日に買い戻した本件契約取引金額について、1年も経過しない平成20年5月期末の財務諸表に支払総額６０８百万円を特別損失で処理するという後発事象を開示するということは、平成19年9月27日時点において支払総額もしくは相当額について貸借対照表計上能力がなかったものと推認される。なお平成21年5月期の第1四半期において特別損失として計上するということは、むしろ平成20年5月期に特別損失で処理しなければならなかったのではないかと判断される。ただし日本公認会計士協会の審査会の審査意見では、そのことに触れていない。会社の会計処理が適正なものとして、平成20年5月末から監査報告書作成日までの期間にどのような事実が発生したのか、後発事象とすることの妥当性判断が問題となっている。いずれにしても審査結果は「関係会員は、平成19年11月中間期及び平成20年5月期の監査において、監査意見を形成するに足る基礎を得られなかったにもかかわらず、監査意見を表明した。」というものであった。

2 不正を見逃す会計士の善と悪

監査人の資質と品質管理

日本公認会計士協会は、平成25年5月24日、品質管理委員会から「品質管理委員会年次報告書」を公表した。(5) その資料2が「平成24年度に品質管理レビューを実施した監査事務所に対する改善勧告事項の概要」である。本報告書の前項で「監査法人としての審査体制は不十分であったと判断する。」との審査結果があるように、監査事務所（監査法人を含む）の監査実施状況ならびに品質管理一般にいくつかの問題点（改善事項）が指摘されている。そこでここでいくつかの事例に触れておくものとする。ただし報告文の要約である。

① 品質管理のシステムに係る規程等の整備

発見事項と必要な改善措置としては「監査事務所の『監査の品質管理規程』において、審査、品質管理のシステムの監視、品質管理のシステムの整備及び運用状況の文書化、監査事務所間の引継に関する方針及び手続に関する記載がない等、品質管理のシステムが適切に整備されていないため、監査事務所における品質管理のシステムが適切に運用されていない。」事例がある。そのため監査事務所は、「品質管理のシステムを適切に運用し、その実施結果を文書化する必要がある。(6)」と指摘している。

ここでは「監査の品質管理規程」があるもののその内容が不十分であること、また適切に運用されていないこと等が挙げられている。大手監査法人は、日本公認会計士協会の定期的検査や金融庁の監視監督の眼があり、比較的整備されており、また適切に運用されているものと推認されるところである。しかし東芝問題では、大手監査法人といえども必ずしも適切な運営がなされていないことが指摘された。ともかく個人事務所を主体として組成された小規模な監査法人等の場合、構成する社員は個人事務所の運営が主体となっていることが多く、その結果として品質管理のシステムの整備および運用状況が文書化されていない、されていたとしても適切に運用されていないことなどが想定される。問題ある事項として、本書で取り上げた監査契約の引継の事例など、その最たるものである。その他の事例においても問題とされていることは、適切な監査手続を実施していないことから、適切な監査証拠を入手していない。そのため監査意見を形成するに足る心証を得ていない状況で監査意見を表明している事例が多い。根本的に重要なことは、当事者である担当会計士が「適切な監査手続を実施していないことを認識していないこと」にある。そこまで実施する必要性を感じていないという「監査人の品格もしくは資質」が問われている事例だと判断している。

② 職業倫理と独立性

発見事項と必要な改善措置としては、調査した対象の中に「監査事務所の独立性の確認を実施した記録がない。」ことならびに特定の人たちに対する「独立性の確認書」を入手していない事例がある。そのために、以下のような改善措置が取られている。「監査事務所は、監査対象会社との独立性を保持するため、監査事務所が独立性の規定に従っているかどうかを速やかに判断する必要があり、そのために監査事務所の独立性の確認を実施し、その内容を文書化する必要がある。監査事務所は、独立性の保持が要求されるすべての専門要員から、独立性の保持のための方針及び手続の遵守に関する確認書を、少なくとも年に1度は入手しなければならない。独立性の確認に当たっては、監査対象会社のほか、その関係会社との独立性についても確認する必要がある。[7]」とされた。

公認会計士法が定めている「独立性の維持」の中でもとくに同法第24条第1項ならびに同第2項がいう「著しい利害関係」に係る政令の定めは重要である。その定めは以下のような内容となっている。公認会計士施行令第7条（公認会計士に係る利害関係）第1項によれば

「法第24条第2項に規定する政令で定める関係は、次の各号に掲げる場合における当該各号に規定する公認会計士又はその配偶者と被監査会社等との間の関係とする。」（関係条文の記載省略）とされている。これらの関係がある者またはその関係は、特別の利害関係（著しい利害関係）があるとされる。その関係の存在は「監査人の独立性」に疑義を生むものであり、財務諸表公開制度の信頼性、透明性を阻害するものとして「禁止条項」となっている。これらの規定は、監査人と被監査会社との関係について、ナニも知り得ない第三者の眼に、監査人の透明性、公正性、信頼性などが維持されているという外形的要請であり、いわゆる「外観的独立性」の基礎的要件である。その中でも「経済的に密接な関係」が重要な要点となっている。独立性の侵害は、企業との癒《ゆ》着等を想定させ株主等利害関係人の信頼性を損なう恐れがあるため公認会計士の資質に求められている重要な要件である。

この「経済的に密接な関係」には金銭の貸借関係があるが、とくにインサイダー取引や癒着嫌疑の関係から「株式の保有」が問題視されている。公認会計士法の上では自己が監査している会社の株式の保有を禁止しているが、非監査会社に対しては特段の規定を置いていない。しかし大手監査法人では内規（就業規則その他の関連する規則）によって、当該監査法人が監査している会社の株式の保有を禁止している。新たに新規の会社と監査契約を締結するような場合、関係者以外はその事実を知り得ない。したがって監査契約締結後はじめて監査事務所内に発表されることになるので、その時には当該会社の株式を保有していたとすれば事務所内の「規定違反」になる。その結果、原則（事実上）として「すべての株式の保有を禁止している」ことになる。そして必要な改善事項の「独立性の確認書」については「少なくとも年に1度は入手しなければならない。」としているが、大手監査法人では保有株式等について保有の状況や株式取引の状況について、社員（出資者と上級職員「公認会計士」）に対して3ヵ月に1回程度実施しているのが実情のようである。なお「経済的に密接な関係」は、独立性維持のための確認要点の1つである。あくまでも重要な確認事項の要点の1つとして挙げたにすぎないことを断っておくことにする。

③　監査契約の新規の締結および更新

発見事項と必要な改善措置としては、監査事務所を調査した結果、「（ア）監査事務所では監査契約の更新を社員会において決定する旨を定めているが、当該決定事項が文書化されていない事例、（イ）監査契約の新規の締結に当たり、前任監査人に質問して識別した問題点をどのように解決したのかの過程が監査調書に記録されていない事例、（ウ）経営者による不正が生じた会社との監査契約の更新について、契約リスクの評価の検討過程が監査調書に明確に記録されていない事例などがあった。

そして発見された事項に対してとられた改善措置の内容としては、（ア）監査事務所は監査契約の更新に関する社員会の決議の記録を整えるとともに、監査責任者は監査事務所の定めた承認を経た上で契約を更新したことを文書化する必要がある。（イ）問題点が識別されたにもかかわらず、監査契約の新規の締結を行う場合、監査事務所がその問題点をどのように解決したのかの過程を監査調書に記録する必要がある。（ウ）経営者による不正が生じた会社との監査契約の更新について、契約リスクの評価の検討過程を監査調書に明確に記録する必要がある。[8]」とされた。

株式会社の取締役会に相当する監査法人の社員会においては、通常、審議案件と報告事項に区分して、会議議案書があらかじめ参加者に配布される。そこには、たとえば（ア）で問題視されているような案件については、3月決算が多い日本の事情においては、特定の月の社員会に「監査契約の更新」として相当数の事案が提示されてくる。一定の期間内の社員会に提示されない場合、提示しない理由の説明が求められてくるはずである。監査契約は会社が当該事業年度中の定時株主総会に「再任しない」旨の議案を提出しない限り、会計監査人監査制度上「監査契約は自動更新される」ことになっている。

株主総会の議案を決議するのは取締役会である。3月決算会社でいえば5月中旬である。実際に翌事業年度の事業は4月1日から開始されているので、監査対象事業年度の事業は行われているということになる。したがって「更新の監査契約」を締結するのは早くて7月に入ってからのことであり、第1四半期の3ヵ月間の監査期間はすでに経過している。監査契約は事実上更新されているが文書化されていないだけの話である。自動延長されているのに監査契約書に署名しないのは「監査報酬の合意」が遅れているからである。一般的には監査契約は社員会（社員総会ではなく、通常、常務社員会もしくは代表社員会）で審議し、議事録に残している。そして議案書の添付資料を議事録に添付しておくのが常態であると考えているので、ここに取り上げた事例は「企業統治が十分でない監査法人」のひとつの事例であると思っている。（イ）と（ウ）については、ここではあえて取り上げないことにした。

④　重要な虚偽表示リスクの評価

発見事項と必要な改善措置としては、まず「（ア）財務諸表全体レベルの重要な虚偽表示リスク（不正によるものを含むいわゆる「粉飾決算」というもの）の評価を行った監査調書が作成されていない。（イ）収益認識について不正による重要な虚偽表示リスクがあると評価せず、特別な検討を必要とするリスクとして識別していないが、その判断根拠が監査調書に記録されていない事例、（ウ）識別した重要な虚偽表示リスクから特別な検討を必要とするリスクを決定した検討過程が監査調書に記録されていない。」事例などがある。

その上で発見された事項に対してとられた改善措置の内容としては、「(ア)監査人は、リスク対応手続を立案し実施する基礎を得るために、財務諸表全体レベルで重要な虚偽表示リスクを識別し評価し、その結果を監査調書に記載しなければならない。(イ)収益認識に関する推定を適用する状況にないと結論付け、そのため収益認識を不正による重要な虚偽表示リスクとして識別していない場合には、収益認識に関係する不正による重要な虚偽表示リスクがないと判断した理由を監査調書に記録する必要がある。(ウ)監査人は、特別な検討を必要とするリスクがあると判断した場合には、(中略)識別したリスク及びそのリスクに関連した監査人が理解した内部統制について監査調書に記載しなければならない。[9]」とされた。

前項で取り上げた「会員の懲戒処分」ならびに品質管理関連調査で発見されてここに取り上げられている事例の多くが、監査人が「適切な監査手続」を実施していないために結果として手抜き監査となり、その結果として「適切な監査証拠」を入手していない事例であると考えている。いずれも「監査人の監査品質」の問題である。この④で問題とされていることはいずれも「適切な監査調書を作成していない、もしくは監査調書に記録されていない」というものである。それに対しての「必要な改善措置」は、その事実を指摘しているだけで「監査調書が具備していなければならない最低限の作成要件」を示していない。これでは「何をどう改善していけばよいのか」直接調査を受けていない関係者(監査実施者)にはよくわからない記載内容となっている。

ここはひとまずおくとして、財務諸表項目レベル（勘定科目）の重要な虚偽表示リスクと、その他関連項目の評価に関連して言及すれば、これまでに触れた事例の中の「投資資金の実在性と回収可能性検証が不可のケース」では、会社の総資産の80％強を占める「投資資金38億円の実在性と回収可能性の検証」がすべてであったといえる事例であるが、また「買戻し資産の資産計上額の妥当性と減損処理」についても中心的監査要点は「癌治療薬の持分権利と一部地域販売権」の取引行為であり、とくに「総額６０８百万円の買戻譲渡契約取引」の妥当性、合理性ならびに資産性の評価であった。この２つだけのことではないが、財務諸表全体レベルの重要な虚偽表示リスクおよび財務諸表項目レベルの重要な虚偽表示リスクにおいて重要な監査要点であったにもかかわらず、適切な監査手続を実施していないために、適切な監査証拠を入手することができず、自己の監査意見を形成するに足る「適切な監査調書」を作成していないことになっている。しかも重要なことは、これら関係会員（担当会計士）が、そのような「監査の不十分性」をほとんど理解していないという事実にある。

監査リスクは、監査人が財務諸表の重要な虚偽の表示を看過して誤った監査意見を形成する可能性をいう。しかし実際には、カネボウ事件に見られるように「知っていたが指摘しなかった」あるいは「監査人が示唆していた」という事件があるように、現実の監査の局面では「監査リスク以前の問題」がある。ともかくこの「監査リスク」は、監査人が十分な注意を払って監査を実施したとしても完全なものではないこと、その結果として「重要な粉飾もしくは不正」を発見することができないリスクをいう、とされている。

企業の不正会計と会計士の不作為行為

日本公認会計士協会・監査業務審査会から『監査提言集』が発刊されている。わたしの手元にあるのは平成21年7月1日号から平成27年7月1日号までの7巻である。この中（事業の内容と提言）の多くが、不正会計に関連するものであり、適切な監査手続を実施していなかったために、適切な監査証拠を入手しておらず、会社の不正会計を見逃してしまった事例などがまとめられている。これらの事例を十分に理解して、不正会計を見逃すことのないように監査計画を立案し、適時適切な監査を実施していくことが必要である。

① 平成22年7月1日号

ケース・新規事業に係る架空売上の計上

本事例（以下要約、②以下も同様）では、新規事業において、次の特徴を持った異常な取引が計上されたというケースである。まず「（ア）期末月である3月に仕入先から販売先に商品が直送されたが、会社が仕入代金と保証金を支払った直後に仕入先が倒産、（イ）売上金額が、当該期の売上高総額の6割を占めている。（ウ）翌期の4月に販売製品のうち半数が半製品であることが判明、当該取引の販売代金は一切回収されず、架空取引の疑いがある。」とされた事例である。そしてこの事例は「本件取引について監査人は、これらの取引を異常な取引であると認識した上で、売買契約書が法的に締結されており、残高確認結果に差異はなく、販売先から当該商品が販売先にあることを確かめるための証明書を入手できたとして、売上計上を認めた。」[10]という不正会計である。

⇓　仕入先に仕入代金を支払った直後に仕入先が倒産したとしても、販売先が健全で販売代金を支払ってくれる限り、本件取引に特段の問題はない。特定の取引（本事例では、仕入先と販売先が特定されている）が「当該期の売上高総額の6割を占める」ほどの異常な取引となっている。会計監査人は「職業専門家としての懐疑心」を抱いてしかるべき取引であり、「会計操作の存在」を疑う懐疑心が必要とされた会計取引である。しかし「残高確認結果に差異はない」として懐疑心を抱かず、追加（的）監査手続を実施していない。このような異常と思われる取引については、残高確認という監査手続だけでは不十分である。当事者の共謀を視野に入れて「取引実態の実在性」と「取引関係者の信頼性」を確かめる必要があった。むしろこの取引は実取引ではなく、仲介取引であるとの判断も必要ではなかったかと思う取引である。

この『監査提言集』では本件ケースに関して、仕入代金と保証金を支払ったことと販売代金は一切回収されていないことから「架空取引の疑いがある。」と指摘しているが、「仕入代金と保証金を支払ったこと」が事実であれば、売上取引は架空取引であったとしても、金銭取引行為は存在していたことになる。この「支払われた金銭取引の実在性」が問題になっている。仕組まれた取引行為であったとした場合、経営者の判断と関与のあり方によっては「経営者の経営判断の妥当性、合理性」(善管注意義務違反の可否)が問われてくる。反社会的団体もしくは勢力に資金が流出している可能性も考えられる事件であるからである。また会計監査人が適切な監査手続を実施し、適切な監査証拠を入手していたのか、つまり「監査実施の適切性」という監査責任が問われてくる事例である。

② 平成23年7月1日号

ケース・貸倒引当金等の不計上

つぎは「長年にわたり多額の不良債権が存在していたが、帳簿上それらの不良債権を隠すことで、貸倒損失や貸倒引当金を過少に計上していた。多額の不良債権が発生していたにもかかわらず、会社が監査人に提出する資料では、一覧表から不良債権を削除して、あるいは、金額を減額して記載していた。[11]」事例を取り上げてみた。

⇒　売掛金の監査では、残高確認は、通常「実施すべき監査手続」であり、期末日の実在性を確かめる重要な監査手続とされている。しかし日々の取引の妥当性監査を行っていく過程で、分析的手続のうちのひとつである「年齢調査」を行っているはずであるから、期中の監査の中で不良債権の内容を掌握しておかなければならない。そして重要なことは会社の内部統制であり、内部統制が有効に機能しているかを期中監査の中で確認していくためにも、不良債権に対する会社の統制機能を確かめておかなければならない。有効に機能していないと判断される場合、機能の改善につき改善勧告を行い機能を向上させる必要がある。

このようなことは、棚卸資産の実査・立会の場合にも言い得ることである。長期在庫品に対する会社の統制機能を確かめておかなければならない。場合によっては、売掛金と同様に「不適切なマニュアル」が適用されていたりして、有効な統制つまり「求められる基本的に必要な管理体制」が機能していないことがある。そのようなケースでは、現場の担当者よりも現場の責任者（担当部長クラスの職位の人）に問題があることが多い。一定の業績を達成しなければならないという切羽詰まった状態から資産管理の基本的な思考体制（正常な判断思考能力）が欠落していたりして「職業専門家（現場監督者）としての必要な職業倫理の喪失」が起きてしまうことになる。そこでは、日々の業務に誇りを持ち「より良い商品、より良いサービスを提供するという基本理念」が忘れ去られていくことになる。

各人が「誇りを持った仕事」をしていくためには、会社にとって「適切なもの（品質や情報）」もしくは「あるべき姿（財務資料）」として何が必要であり、どのような情報を提供すべきなのか、従業員一人ひとりがまず考えて行動できる組織体制の構築が大切であり、その構築と有効適切な運用は「経営者の責任」である。本件ケースにおいては「不良債権や不良在庫の見える化」が必要である。どのような場合でも、事実を知らない限り適切な判断はできないからである。不適切な情報に依拠すると経営判断を誤ってしまうことになる。このような会社の組織体制（内部統制の有効性）を監査人は評価した上で、監査を実施していかなければならない。

③　平成24年4月1日号

ケース・不適切な売上計上基準

ここでは「検査装置の販売に関して、会社は売上計上基準として出荷基準を採用していたが、証券取引等監視委員会の指摘により、売上計上の妥当性について検証した結果、売上計上基準としては検収基準が適当であるとの結論になり、過去5年間の有価証券報告書を訂正した。監査人は、もともと検査装置という製品の特殊性から、検収基準が妥当であると認識しながらも、会社の主張を受け入れ、出荷基準を容認するとともに、売上計上の根拠としては内部資料の突合のみで満足していた。[12]」という不適切な監査姿勢が問われた事例である。

⇓　建築・土木工事や造船・プラント事業またはＩＴソフトなどの受注産業業界においては、出荷基準は広義の引渡基準に該当しない。発注元の承認（竣工報告書の提出とその受領書の入手）をもって初めて、先方に引き渡しが済んだことになるので、検収基準が最も妥当な売上計上基準（引渡基準）となる。出荷基準では、発注元が受け取ったという意思表示をしていないため「売上債権請求権が発生していない」ので、売上に計上できる条件が充足されていない。監査人が「検収基準が妥当であると認識」していたならば、会社側を説得すべきである。ここに監査人に求められている批判的監査機能と建設的監査機能を発揮すべき局面があった。まず出荷基準が妥当でないという「批判的監査意見」と、検収基準が妥当であるという「建設的監査意見」が必要とされた局面であった。会社が過去5年間の有価証券報告書を訂正したということは、「出荷基準は不適正な会計基準と認めた」ということであり、監査報酬の支払先に対する従順性が災いしたケースである。

④　平成25年7月1日号

ケース・滞留在庫リストの誤りによる棚卸資産評価額の訂正

次は「会社は滞留期間に応じた商品の評価を切り下げる評価方法を採用していたが、商品入庫日（倉庫納品日）を商品仕入日とみなして、同日を基準に棚卸資産を評価するシステムを採用していたため、社内での移動でもその時点が商品入庫日と記録され、自動的に滞留商品の評価日が洗い替えられていた。大量の店舗閉鎖により物流倉庫への在庫移動が行われた結果、多くの商品の入庫日が洗い替えられ、必要な評価減が行われなかったことが後になって判明したため、過年度決算の訂正を行った。」事例であり、改善すべき点としては「滞留在庫リストのような情報システムから自動生成された情報については、その情報の信頼性を評価するために、業務上の在庫滞留の定義と条件がシステム上に適切に反映されていることを十分に理解する必要があった。[13]」と指摘された事例である。

⇩　小売業界は競争過多な業界であり、店舗のスクラップ・アンド・ビルドがよく行われている。競争が激しいというよりも、少子高齢化社会でかつ人口が減少している社会環境にある。このような日本の社会的状況下にあってなおも各社が「多店舗化政策を展開している業界」の実情からいって、日本国内における流通在庫高は過剰であり巨額である。したがって長期滞留在庫品が増加するという監査リスクが高い業界である。まずそのような業界を取り巻く社会的環境を十分に理解した上で、監査リスクを低く抑える監査計画を立案し、適時適切に必要な監査手続を実施していく必要がある。この監査リスクを低減させる監査手続の監査要点は「商品の受払システムの妥当性、適正性を確かめること」である。その上で商品の移動と取引記録が合理的に合致していることを、日常の取引記録の監査において確かめておく必要がある。商品の移動、したがって倉庫と店舗もしくは店舗間での移動と記録の整合性であり、とくに「当初の商品入庫日の記録」の保存の信頼性が保持されていることが必要である。たとえば返品商品の入庫について、新規入庫として記録しているような場合がある。またメーカーにおける部品や材料などの受け払いの場合にも同様なことが行われていることがある。

⑤ 平成27年7月1日号

ケース・工事進行基準における工事総原価の見積り誤り

本件事例は「(ア)特定工事の工事進行基準適用案件について、工事総原価の見積りに誤りがあった。(イ)工事総原価の見積りには、材料のコスト削減施策などの不確定要素が含まれており、削減施策の達成状況により、工事総原価の見積りに影響を与える状況になっていた。(ウ)過年度に遡って工事総原価及び工事進捗度を見直した結果、見積り時点での見積りの不確定要素の評価に誤りがあったことが判明し、工事収益が大幅に修正されることになった。[11]」案件で、当初の見積りに問題があった事例である。

なお本件事例では、監査人の対応として「工事進行基準適用案件の多くが見積りに依存していることから、固有リスクは高いと判断していた」が、それ以上に必要な追加監査手続を実施していなかった。つまり「見積工事総原価のうちコスト削減施策の実現可能性について、十分な検討を行っていなかった」ことから「工事総原価及び工事進捗度の見積りに係るリスク評価に対する対応手続が不十分であった」と指摘され、かつ「工事進捗度については、担当者へのヒアリングに加えて、現場視察等によって十分な監査手続を実施する必要があった」とされた事例である。

建設工事等工事進行基準を適用している案件では、利益確保のため、ひとつは会社の経営成績を良く見せるために、また他方においては建設現場の担当者もしくは支社・支店の業績を良く見せるために、とくに支社長や支店長の業績評価に影響するために、完成工事から未完工事案件への「経費の付け替え」を行っていることがある。さらに他方においては「前倒しの売上計上」を行うことがある。未引渡工事物件を売上に計上して、当該事業年度の予算を達成するなどの操作を行っていることがある。その一部は制度上やむをえない理由もあるが、企業会計としてはあくまでも工事進行基準適用案件であっても、最終的には引渡をもって完了するという考え方をしている。

本件事例の「提言」では、「(ア) 工事進行基準による工事収益のように、会計上の見積りの要素を多く含む勘定科目については、通常、重要な虚偽表示リスク（又は特別な検討を必要とするリスク）を識別すること、（イ）工事進行基準による収益計上について重要な虚偽表示リスクを識別している場合、評価したリスクへの適切なリスク対応手続を立案し実施すること、（ウ）工事進捗度の検討に当たって、工事内容の理解に関し技術的な限界があるとしても、それを理由に監査手続の省略はできない。確認、現場視察等の証明力の強い監査証拠を入手し得る実証手続は、実施可能な限り、省略せずに実施する。また、証憑突合、現場担当者への質問等に加え、現場での工事工程表や作業日誌の閲覧など多面的な工事進捗度の検討を実施する」[15]べきであると追加監査手続の必要性を指摘している。

⇓　最近の一般的傾向として、監査人（監査補助者を含む）が現場往査をしなくなった。事務所内執務が増加していることもあって、その影響として本来実施すべき監査手続を実施する時間的余裕がないなどの理由によって省略されている傾向にある。とくに海外工事などにその傾向がある。監査費用がかさむことにもなってくるので、会社側が拒否しているようなケースもある。現場視察において現場の声を聴くとともに、工事工程表（計画）と現場の工事進捗具合（実績）を比較検証することによって相対的信頼性を確かめる必要性が高いことを理解すべきである。

⇓　期末監査においては、残高監査（とくに資産の実在性と負債の網羅性）がとくに重要な監査要点になっている。勘定科目については、分析的手続やすう勢比較などの監査手法が取られている。建設業、造船業、プラント業およびソフト業（IT業界）等においては、未成工事支出金が相対的に巨額な残高となっていることから、未成工事支出金の内訳表（個別案件ごとの残高明細表）を入手し、まず一般的には重要（残高）なものから監査することになる。契約書との突合、納期（完成予定日）と進捗状況との比較検証、原価要素別分析と必要に応じた関連証憑との突合、未成工事支出金と未成工事受入金との比較検証などの監査手続を実施する必要がある。また原価分析は重要であり、会社が行っている予決算管理（とくに利益管理）の妥当性の検証が必要である。期末間近の大きな変動は会計操作の疑いがあるという監査リスクを念頭においた監査は、異常性を発見するためにも有効な監査視点である。

これまで触れてきたことは、すべて監査人側からの視点での問題提起であるが、裏を返せば「すべて経営者による会計不正」である。

註

（1）日本経済新聞は、以下「日経」と称するとともに、各文末に示した数字は、発刊日（和暦）を示している。また、夕刊は「夕」とし、朝刊はとくに記載しないことにしている。

（2）町田祥弘『週刊経営財務』「東芝の不正な財務報告問題の論点整理」27・7・27号、8頁。

（3）守屋俊晴『監査人監査論　会計士・監査役監査と監査責任論を中心として』2012年4月、創成社、321〜322頁。

（4）守屋俊晴『会計不正と監査人の監査責任―ケース・スタディ検証―』2016年4月、創成社、223頁。

売掛金の期末残高の重要性に鑑み、特別な検討を必要とする事項と実施すべき監査項目としては、（ア）関連当事者間取引、（イ）未出荷売上、（ウ）期末時の巨額売上、（エ）貸倒引当金の計算、（オ）相手先の財政状態の調査、（カ）回収可能性の確認、（キ）キャンセルの有無の確認、その他がある（224）。

（5）『JICPAニュースレター』No 266（平成25年9月1日）。

本書の参考文献は、品質管理委員会の「品質管理委員会年次報告書」（平成25年5月24日）に添付されている「資料2」に記載されているもののうちの一部である。その中の不正会計に関連すると思われる部分を抜粋し、著者の意見を付してまとめている。

（6）前掲書、52〜53頁。

（7）前掲書、53〜54頁。

（8）前掲書No. 266、54頁。

（9）前掲書、58頁。

(10) 日本公認会計士協会・監査業務審査会『監査提言集』平成22年7月1日号、6頁。
(11) 前掲書・平成23年7月1日号、18頁。
(12) 前掲書・平成24年7月1日号、4頁。
(13) 前掲書・平成25年7月1日号、20～21頁。
(14) 前掲書・平成27年7月1日号、35頁。
(15) 前掲書、35～36頁。

第2章　不正会計と東芝問題

人間が正義と邪悪の心を併存して持っている限り、いずれかの心がそのひとの心を支配する。その多くの要因は、その人の育まれてきた環境に依存するとしても、当人が「自己を律する心」は各個人の強さ（心情）によるところ多とする。

東芝では委員会等設置会社（当時）を採用していながら、人事委員会が機能していなかった。「箱を造って魂入れず」で、形式要件を用意したが実質要件を充足させなかったという経営者の経営方針に問題があった。そして、それが引き継がれていった。

1　東芝の不正会計

新聞の報道経緯の検討―臨時株主総会以前

東芝は、平成27年4月3日に「インフラ工事事業に不適切会計が存在する可能性があった。」と発表した。社内に設けた調査委員会で約1ヵ月かけて調査してきたが、全容を把握することができなかったとして、新たに社外の有識者のみで構成する第三者委員会に調査を委ねることにしたと公表するにいたった。5月11日、東芝の株価がストップ安となり、前日比80円安の403円30銭で取り引きを終えた。

そして5月22日、東芝は「過去の利益の減額修正が明らかになった電力関連や鉄道システムなどのインフラ関連部門」に加えて、不適切会計問題で「第三者委員会の調査範囲をテレビやパソコンにも広げること」を公表した。前者は「成長戦略の中核と期待され、採算よりも規模拡大を急いで受注を膨らませてきたことが不適切会計の背景にある可能性が高い」とされた。前者のインフラ関連部門は、ほとんどが長期に及ぶ工事の進捗状況にあわせて売上高や原価と費用を計上する会計処理方法、いわゆる「工事進行基準」で管理している案件であり、すでに500億円の利益減額見込みを公表している。このインフラ関連に加えて、テレビやパソコン、半導体という主力事業の大半が対象になることから、日経は「全社的な管理体制のずさんさが浮き彫りになった形で、経営陣の責任問題に発展する可能性もある。」とし、また「影響の広がりが注目されるのが、連結営業利益の8割を占める半導体だ。」(27・5・22)と報じている。この半導体部門でも不適切会計が行われていたとするならば、「東芝の病巣」は根深いものになるからである。ところで「管理体制のずさんさ」を指摘しているが、皮肉を込めて言い当てると「不適切会計をいかに効果的に行うかという管理体制が有効に機能していた」ということである。いずれにしても「新たに調査対象となった半導体のシステムLSIやテレビはここ数年、赤字続きだった」のが現実であった。
東芝の不適切会計は、証券取引等監視委員会に届いた内部通報がきっかけで発覚したものであり、東芝が公に発表したのがこの日なのである（5・23）。東芝のような名門企業で、石坂・土光という歴史に残る著名な経団連会長を輩出している企業が、このような不始末（不正会計）を犯していたという信頼性の欠落は、単に東芝の問題として捉えれば済むということではない。日本の企業また日本の証券市場の透明性・信頼性に対する国際社会の評価に大きな傷をつけた、という重大な問題を起こしていることを肝に銘じるべきである。また長い間、このような不正会計を続けてきた間に、内部告発を含めて停止もしくは抑止する人たちがいなかったという「東芝内部の体質」も問題視されるべきである。さらに、問題表面化の発端とされる「内部告発」にも問題があった。「東芝に内部通報制度があるが、最初に動いたのが金融庁だった」からであり、そうしたことから考えると「社内での報告体制に構造的問題はなかったのか。」（6・22）という日経の記事に見られるように、東芝の内部通報制度は大王製紙のような「構造的に機能しにくい仕組み」になっていたとも考えられる。[1]
東芝は、すでに提出済みの平成26年3月期までの内部統制報告書で「内部統制は有効であると判断した」などと明記している。しかし、今回のように後になって不適切会計のような問題が起きた場合には、「重大な不備がなかったかを精査した上で自主的に訂正報告書を提出する」ものとされている。平成25年に「グループの医療関連企業で不適切会計があったが、今回は東芝本体の主要事業で問題が起きた」ことから、東芝の内部統制システムの信頼性が疑われることになった。最近では、LIXILグループが海外子会社の不正会計で過年度決算を訂正するとともに、平成26年3月期の内部統制報告書も訂正している（6・12）。

東芝が不適切会計を犯した原因には「東京電力のスマートメーター（次世代電力計）などを損失覚悟で受注」したことなどがあるが、この損失覚悟で受注したのは「国内外で原子力発電所の新設計画が進まない焦りから、新分野開拓を急いだことが結果的に裏目」に出てしまったことなど、お家（財政問題）の事情があった。その背景として、採算より受注を優先しがちな背景のひとつに原子力事業の環境変化がある。06年に米ウエスチングハウスを買収し、世界商戦に打って出たが東日本大震災以降、国内外で原発の新設計画が進まず事業が停滞した。「原子力事業で売上高1兆円」の目標も事実上撤回せざるを得なかったことなどが挙げられている。

平成27年6月25日の定時株主総会において、東芝は「テレビや半導体、パソコン事業で調べている不適切会計の具体的な手法を初めて明らかにした」ことによって、すでに明らかになっているインフラ関連事業を含めた主力4分野すべてにおいて不適切会計が行われていた可能性が広まった。そのため、東芝の信頼性は大きく揺らいでいくことになる。その結果、東芝の不適切会計問題は利益減額修正額の拡大幅に加え、「経営者責任の所在」が今後の焦点になってくることになった。

そして7月3日にいたって、不適切会計問題で東芝は、過去の決算にさかのぼって利益を減額修正しなければならない金額が1、500億円超に拡大する可能性が高いことを示した。上場企業の不適切会計の金額では、最大に近づくことになる。過去には、IHIが工事費用の過少計上などで最終損益を黒字から赤字に修正したケースがある。たまたまの偶然かもしれないが、IHI（旧石川島播磨重工業）と東芝（旧東京芝浦電気）は三井グループ（旧三井財閥）に属していることと、さきに挙げた著名経団連会長の出身母体という関係にある。なお、この日明らかにした不正会計の具体的な手口のひとつが、決算整理仕訳で控除すべき内部利益（未実現利益）を計上していたことである。その手口について、日経は「東芝は安く仕入れた部品を組み立て、製造の委託先にいったん売り、パソコンの完成品を買い戻したうえで一般顧客らに販売している。下請けに部品を売った時に生じた利益を適切に処理しなかった疑いがある。」と報じているが、決算整理の過程で明らかになっているものであれば「未実現利益」として控除すべきである。

このような取引は、繊維業界で行われていた「糸売り」の手法であり、いくつかの業界においては、下請けに対して仕事を発注する場合に、部材を提供して加工業務を委託していることはよくあるケースである。その場合、支給した部材の取り扱いについては「無償取引」と「有償取引」がある。無償取引の場合は加工賃のみの支払いとなり、外注費として処理する。業務の内容によっては、稀少な部材（部品・原材料）ということもあり有償取引（営業債権）として取り扱い、委託先に買掛金（仕入債務）の意識を持たせるという統制（業務管理）の必要性から取られていることがある。このような場合の取扱金額であるが、原則として仕入価格で付け替えを行うとしても、慣習として仕入価格に一定の事業部門費、もしくはこれにさらに一定の利益の額を加算した金額を振替価格としているケースがある。後者の場合、この振替価格に未実現利益が含まれているので、決算期末には当該資産の額から控除しなければならない。東芝ではそれをしていなかった。

ともかく東芝では、このように全社的・組織的に不適切会計を行ってきたが、その背景として日経は「業績が悪い部下を督励するのは経営者として当然だが、２００８年のリーマン・ショックで業績が傾いて以降、トップが圧力をかける傾向が強まり、報告する側は極度の緊張を強いられたとの証言が多く聞かれる。（中略）東芝は09年3月期、半導体事業の業績が悪化し、過去最高となる約３、４００億円の最終赤字を計上した。11年3月の東日本大震災で原発の新設計画が国内外で滞り、原子力事業も苦戦している。（中略）無理な会計処理が主要な事業に広がっていったもようだ。」（７・５）とし、さらに7月11日には「最終的な累計の修正額は1,700億~2,000億円に膨らみそうだ。(中略)第三者委は、これまでの調査でパソコンや半導体事業も含め、東芝が監査法人に分からないように実態と異なる説明をしていたことなどを把握している。」と説明している。また「会計問題では意図的に損失計上を先送りしたことが明らかになるなど、ガバナンスの欠如が著しい」(7・11)ことが明らかになった。

しかし、法令順守に詳しい弁護士は「東芝の隠蔽の仕方が巧妙だったとはいえ、何年も見抜けなかったのはプロとは言えない」と、個人の意見として「会計監査人の責任」を記者に語っている。ここでは「内部統制の機能不全による不正拡大を防ぐため、監査法人との連携をどうとるのかについて、課題を残した」(7・27)と指摘している。しかし本書の前半部で触れたように、会計監査人自体(職業専門家としての倫理観)に問題があり、いくつかのケースで会計監査人が「協会の処分」を受けていることからもわかるように「監査法人が万能であることはない」ことを理解しておくべきである。[2] なお、多くの公認会計士は「信頼に足る適正な会計監査」を行っていることは確かなことである。そうでなければ、資本主義社会に定着している「会計監査制度」は維持されていかない。

イギリスやアメリカでは、取締役会の監査委員が社内の内部統制部門の人事にも関与し、強い連携があるとされているが、そうだとしても、必ずしもアメリカやイギリスの制度がきわめて有効に機能しているとはいえない。現にエンロンの不正会計事件に連座して、多くの大企業（金融機関を含む）が不正会計を行っていたことが明らかになっている。このエンロンにしたところでも、監査委員会の委員長（会計学者）が10年余の長期にわたってこの職位に就任してきたが、不正会計を抑止していない。「抑止していないという意味」は、知っていたけれど黙認していたことを含む語意である。そのようなことから金融庁は、平成27年12月22日、担当した監査法人に対して、相当の注意を怠り、長期にわたり批判的な観点から検証ができなかったと認定して、課徴金21億円の処分を行った。

多くの不正会計が相次いでいることから、政府等がコーポレートガバナンス・コードを策定した経緯として「政府が社外取締役の役割に関する新指針を策定する背景には、企業統治元年といわれるなかで、企業の取り組みを形骸化させたくないという狙いがある」とされている。しかし「一般に日本の社外取締役は、業務執行とは離れて株主と経営者の対立を調整したり大所高所から助言をしたりする役割にとどまる」という説明があるが、いくつかの不正会計が発覚したケースでは、ほとんど社外取締役が「社外取締役としての与えられている役割を果たしてこなかった」ことが明らかになっている。そのため課題もある。こうした役割の多くは、会社側の内部統制システムが適切に機能していることを一定の前提にしている」からである。そのため、経営者が悪意を持ってシステムを骨抜きにした場合は監視・監督が機能しない恐れがある。現実にカネボウや山一證券の不正会計では、この「恐れ」が起きている。不適切会計はほぼ全社に広がり、多くの事業部門トップの関与が指摘されているように、経営陣による強い「骨抜き指示」が行われていたことが明らかになっている。

ここに新しい動きが起きてきた。アメリカの個人投資家が東芝の株価下落で損失を被ったとして提訴してきたからである。この提訴は、あらかじめ想定されたことである。これまでの不正会計事件の多くの事案で訴訟が行われているし、弁護士が中心となって同意する株主を募って「集団訴訟」が起きている。創業140年、グループ売上高6兆円の名門企業で起きた1,500億円を上回る会計不祥事（不正会計）は、歴代3社長がそろって辞任する異例の事態に発展したばかりでなく、政治問題にも波及してきた。それは「今回の不祥事は一企業の枠を超え、安倍政権の看板政策であるアベノミクスに泥を塗りかねないからである。

8月11日の日経は「東芝は不適切会計問題で発表が遅れている2015年3月期の連結決算（米国会計基準）で、採算が悪化している半導体や白物家電、米国の原子力発電事業などで1,000億円を超える損失を計上する」とし、また損失を起こさせた背景として「冷蔵庫や洗濯機など白物家電は、数年前の超円高時の対策として生産の大部分を海外移転したため、円安が進んだ現在は逆に採算が悪化し、リストラが課題になっている」と報じている。

しかしこのリストラについては、本来、リーマン・ショックの影響を受けて大きなダメージを被った時期に実施すべき経営判断であったと考える。そのようなことから考えると、明らかに東芝は「経営改革の実施の時期（チャンス）」を失したといえる。

人事関係も、透明性などにおいて大きな問題を抱えていた。委員会等設置会社（発足当時）の指名（人事）委員会が機能していなかったことが明らかになった。東芝では「監査委員会によるチェック機能が働いていなかった」上に、社長候補者人事を検討すべき指名委員会も同様に機能していなかった。まず前者については、取締役会が不適切会計を結果的に放置してきたのは、不正をあぶり出す内部統制が機能せず、リスク情報が共有されなかったことに、その背景（原因）がある。また後者については、指名委員会が社長を含む取締役候補者を選ぶはずだが、これまで社長経験者が後任候補者を選んで、指名委員会が追認するなど形骸化していたと指摘されている。

このような指名委員会のあり方は「会社法の趣旨」を無視していることになるが、指名委員会の委員である社外取締役が問題点を指摘してこなかったことにも大きな問題がある。社外取締役の誰もが「指名委員会の職務」を理解していなかったということではないとしても、本来あるべき指名委員会の役割を果たすような改善勧告を行ってこなかったことから、社外取締役としての役割を放棄していたことになる。

山一証券と同様に東芝は、おそらく不正会計を継承すると思われる人を「社長候補者として選任する人事」を行ってきたし、また不正会計の継続性という事情があるため、人事権を放棄することはできなかったと理解する。そして東芝は8月17日に、9月に発足する新体制で社外取締役をほぼ全面的に刷新し、大幅に増員する方針であることを発表した。今まで4人であった社外取締役を7人に増やし、取締役の過半数を社外取締役にすることにした。しかし、前途は明るいことはない。たとえば経営の新体制を発表したが、重要な役割を果たすべき「取締役会議長の人選が決められない」(8・19)状況などいくつかの問題が解決されていないからである。とくに①今後どこまで、社外取締役が十分に検討するための情報を取締役会に提供するかということと、②社外取締役が提示した改善勧告をどこまで真摯に受け入れて、経営改革に役立てる仕組み(組織的対応)ができているかということにある。

9月1日の日経は「東芝が2度目の決算発表延期という異例の事態に追い込まれた。これまで明らかになっている分に加えて、不適切会計を告発する従業員の内部告発や監査法人の指摘が相次いでいる。(中略)調査が必要な約10件の中には、内部通報で発覚したものもある。」ということから、第三者委員会の調査に「漏れ」があったことでもあり「専門家による調査の信頼性を問う声」が出てくる可能性を示唆している。上記の新たに発覚した約10件の中には、国内外の子会社に関連するものが含まれている。

さらに、組織改革を打ち出した。そのうちの1つが、毎期の業績に応じて執行役らの報酬を決めている評価制度を大幅に見直すことにしたことである。また従来の制度では、自身の業績評価を高く見せるため、期間利益を多く出そうとして工事採算の見積りや在庫評価などで操作が行われがちだったという組織的弱点の制度改革である。たとえば執行役の報酬は「基本報酬と職務報酬」で構成されているが、職務報酬の40~50%が業績連動型報酬であるため、自身が所属している「事業部門の利益を多めに表示したいという誘惑」が働きやすい報酬制度になっていた。

東芝が9月7日に発表した「過去の決算の減額訂正は2、200億円を超え、2015年3月期決算もその後遺症で5年ぶりに最終赤字に陥った。実態より利益を多く見せる会計不祥事で市場の信頼は損なわれた」と指摘されている。さらに問題視しなければならないのは「株価乱高下で隠されているが、東芝問題への投資家の視線は厳しさが増している」という証券市場の動向にある。このように東芝は、実効性のある経営改革を早急に進める必要に迫られている。9月17日、金融庁の傘下にある「公認会計士・監査審査会」の千代田邦夫会長が東芝問題に触れて「明らかな粉飾決算にあたる」と語り、東証は東芝を特設注意市場銘柄に指定した際に「不正会計」に言及した。同審査会は、金融庁から独立して「監査法人を指導・監督」する立場にある。

新聞の報道経緯の検討―臨時株主総会以後

平成27年9月30日、東芝は臨時株主総会を開き「平成27年3月期決算の報告と経営体制刷新」を説明した。しかし、現実つまり「成長戦略の道筋」はかなり厳しいものがある。それは頼みの綱の半導体メモリーも中国経済の減速で価格が下落していることから利益の稼ぎ頭とはならないなど、解決しなければならない経営問題が山積みとなっているからである。この総会に出席した株主は192人で、開催時間は3時間50分であった。そして一連の会計不祥事によって東芝の事業を引っ張ってきた経営層の多くが退社したが、新経営陣によって東芝は大きく変わることができるのか、いまのところ不明である。

翌日の日経の『社説』「東芝は株主の信任に応えよ」は、東芝の厳しい現状は「全体として122億円の最終赤字となるなど稼ぐ力の衰えは誰の目にも明らかだ。東芝の喫緊の課題は競争力を取りもどすことだ」と指摘している。しかしこの「競争力の復活」は、これまでの経営者が一番悩んできたところであるが、うまく仕上がってこなかった経営課題と思っている。現実に「新しい技術や製品の開発」ができなかったために、不正会計に追い込まれていったのである。日経は「日立製作所の事例は良いお手本になりうる。（中略）競争力の低下という実態を隠さず、直視するところから日立の復活は始まった」とひとつの問題点を指摘している。経営改革は体質改革であり、それが「リストラ（事業再構築）の骨子」である。赤字事業の分離、撤退を含む事業（グループ企業を含む全体）を再構築することである。東芝はそれをしてこなかった。

反省の材料としては、三菱重工業のケースもある。三菱重工業は平成27年7月5日に、9月に予定している大型客船の納入を延期すると発表した。これは二度目の延期で、納入時期は未定としている。対象は世界最大のクルーズ客船で、アメリカのカーニバル社から平成23年に受注した約3、300人乗りの豪華客船である。この客船は同社傘下のアイーダ・クルーズ向けで、受注額は2隻で1、000億円である。「三菱重工業にとって約10年ぶりの客船建造で、受注当時『日本で建造できるのは当社だけ』と意気込む案件であった。」（8・6）が、誤算（頻発する設計変更など）続きの案件になってしまった。12月に入り、12月の納入予定時期に、この大型客船の納入が間に合わない見通しであることがわかった。納入延期は、これで三度目である。そのため「これまでの遅れで累計1、600億円超の特別損失を計上」（12・9）するにいたった。1、000億円の受注物件に対して、1、600億円超の特別損失を計上するにいたったこの事業（契約案件）は明らかに失敗した事業（現在進行中）であり、その損失を隠すことなく当該関連事業年度中に計上すると発表している。おもてに出すことによって、関係部門だけでなく全社員（あるいは下請会社を含めて）に告示することによって、全従業員に奮起（緊迫感の高揚）の心を植え付ける意味においても必要なことである。ようやく1番船を平成28年3月14日に引き渡すことができた。この時点において、2隻合計で1、800億円の損失を計上している。三菱重工業は、認識した損失を隠すことなく会計処理している。

東芝の問題に戻るとして、経営者が変わったとしても、多くの重要な部門の長は業務に従事しているので「これまでの東芝の体質を改革できるのか」という大きな課題を抱えての船出である。現実に、新体制下の取締役会は有効に機能するのか。これまでの取締役会では「社外取締役に十分な情報が伝わらなかった」として改善した。ところが新任の社外取締役からは①「東芝の執行役が持ってくる議論はいつも甘い」こと、また②「社外取締役に届くたたき台はいつも事業継続が基本線」であって、事業の廃止や縮小など利益の向上を目指した事業改革（案）がなく、十分な議論を行う下地が作られていないと批判している。その改革の意図はよく理解できることではあるが、現実問題として事業部門の責任者が「当該事業の廃止もしくは撤退」について、特命事項として与えられているならいざ知らず、長く携わってきた部門であった場合、当人の責任問題（業績評価）もあり、自身の進退問題と深い関係があることから、きわめて難しい課題（テーマ）と考える。

そのような折、金融庁と東京証券取引所は、企業統治指針（コーポレートガバナンス・コード）と機関投資家の行動指針（スチュワードシップ・コード）の普及状況などを検証する有識者会議を開いた。その席上、①「本当に社内の通報制度が機能するのかを考える必要がある」こと、また②会計士監査に関連して「どうして機能しなかったのか改めて考えるべきである」との声が出されていた。また、金融庁が10月22日に主催した「会計監査のあり方に関する懇談会」では、「会計士の力量」として「高度・複雑な経済環境下での会計監査の場合、会計監査人は経験豊かな熟練者、それも企業活動やビジネス感覚に長けた者でないと務まらない。環境変化の中で、感性（感度）が鈍くないことも必要だろう。[3]」と要点をまとめている。

現実の会計監査の世界では、監査マニュアル（監査手続書）に従い、マニュアル通りの監査を行っている。監査マニュアルは「監査の標準化と最低限の実施すべき監査手続」を網羅的にまとめたものである。それはひとつに「監査の効率性の要請」によるものである。その限りでは「経験豊かな熟練者」を必要としないことを前提として作成されている。したがって、高度な熟練者いわゆる「匠の技」を必要としていないので、イレギュラーな事態（監査環境の変化など）に対応できるようにマニュアルは作成されていない。その結果、変則的な経済取引を見逃してしまう監査リスクがある。

10月の下旬に入って、東芝は、収益力の立て直しに向け、半導体事業のリストラに切り込む。まずシステムLSIの主要製造拠点である大分工場の一部設備をソニーに売却することにし、その上で白物家電やパソコンなど課題事業のリストラに踏み込むというのが、「新経営者の経営方針」として打ち出された内容である。しかし東芝は、長年にわたる不適切な会計処理で不採算事業の損益を実態よりもよく見せてきた結果、赤字事業が温存されてきたという事情があった。ピッチを上げて収益基盤を立て直すことが喫緊の課題であり、ひとえに「企業への信頼性の回復」が求められている。そのような立ち直りの必要性から画像センサーからは撤退し、得意の「NAND型フラッシュメモリー」などデータを記録するメモリー半導体に経営資源を集中していくことにした。東芝の平成27年9月期（第2四半期）の連結営業損益は、約900億円の赤字となった。家電の不振に加え、POS（販売時点情報管理）システム事業などで約700億円の損失を計上。会計不祥事による見せかけの利益計上でリストラが遅れていたツケが一気に出てきたのが実態である。しかし、POS事業の損失がさらに足を引っ張る事業環境にあることから、東芝はこれまで好成績であった事業においても問題を抱えていて「収益力の低下がグループ全体に広がっている実態が浮き彫り」（11・5）にされてきたようである。そして東芝テックは、第3四半期の決算発表を一部に計算誤りがあったとして、2月3日から3月14日に1ヵ月以上遅らせた上で、最終損益が766億円の赤字であったと発表した。

このPOS事業は子会社の東芝テックの事業であり、アメリカのIBMから平成24年に買収した事業であるが、当初の事業計画（販売見通し）を下回っている。同日に発表した「東芝テックの平成27年9月期（第2四半期）の最終損失は740億円で、買収時点に約887億円あったPOS事業の価値はざっと5分の1に減価している」（11・6）という。その結果「のれん（ブランド価値）」は全額、その他の固定資産も70％ほど減損処理を行った影響が大きい。POS機器とそのシステムの販路は、小売業を中心とする流通事業であり、すでに日本国内ではいきわたっており、販売の中心が更新（買替）になっているような経済環境から将来性の低い事業になっていることなどが、その背景にある。このPOSは、小売業のスーパー・マーケットやコンビニエンス・ストアなどの店舗に設置されている代金決済用の機器で、売行商品の動向や在庫管理などの情報を提供する重要なシステムである。

そして11月7日に東芝の最高財務責任者（CFO）が、平成28年3月期には「追加費用の計上」を示唆している。そこでは毎日、キャッシュが流失している状態なので、1日も早く結論を出して損失を食い止めたいという経営の安定性の確保が求められているからである。そしてこの日、アメリカのカリフォルニア州の連邦地裁で、複数の元取締役を相手取った集団訴訟の訴状を受け取ったことを発表している。東芝はこれからしばらくの間、「苦難の道」を歩んでいかざるを得ない状況にある。それと同じくして東芝は、歴代社長3人と当時のCFO2人の計5人を相手取り，計3億円の損害賠償を求める訴訟を東京地裁に起こしたことを明らかにしている。

11月12日、日経は「東芝の原子力事業子会社、米ウエスチングハウス（WH）が、2012～13年度の決算で計13億ドル（約1、600億円）の減損処理を計上していた」ことがわかったとした。ところが「東芝は先週末の決算発表で損失計上の事実を説明した際、金額を公表していなかった」と批判している。東芝は、平成18年以降、合計6、000億円近くを投じてWHを買収し、株式の87％を保有しているが、11月7日の決算発表ではWHの損失計上の有無や背景を公表しただけで、重要な財務情報を明らかにしていなかった。そのため東芝は「開示の姿勢が悪い」と非難されている。いずれにしても、不正会計を行って経営改革が急がれている東芝では、まだ「隠しの体質」から抜け切れないでいる。そのため「会計不祥事からの出直しには、よりきめ細かな情報発信が求められる。」と、東芝の基本姿勢の意識改革が進んでいないことを示唆している。

そして11月17日にいたり、東芝は「WHが過去の決算で計上した減損損失について、東京証券取引所から適時開示の基準を守っていないと指摘された」ことを発表した。この事実に関連して、証券取引等監視委員会は行政処分として、月内にも同社に課徴金を科すよう金融庁に勧告するとし、この課徴金が70億円を超え過去最高額となる見通しとなった。しかも会計上、重要なことは、東芝本体の決算ではWH社の減損を反映していないことにあり、WH

社の「のれん代3、500億円」をそのまま資産に計上していることにある。東芝は「資産価値は維持している」ため減損処理をしていないということであるが、このような経営者の意思決定のあり方は「財務情報公開制度の基本的要請」に十分に対応していこうとする姿勢が欠落していることになる。東京証券取引所から開示義務違反と指摘された問題について、東芝の室町社長は「不十分な開示姿勢を深くお詫びしたい」と陳謝するとともに「自ら主導して情報開示を改善する」とその意思を表明した。WHの「のれんの減損13億ドル」は、東芝の連結純資産の3%を上回り「東京証券取引所の適時開示基準」に該当していたことから、開示義務違反と指摘されたのである。

平成27年の年も押し迫った12月28日、東芝は平成28年1月末をめどに主力取引銀行に対して3、000億円規模の追加借り入れの枠を要請する方針である旨を公表している。その背景としては、平成28年3月期はパソコンやテレビ事業を中心に大規模な合理化を計画しており、資金が不足する恐れがあるためである。今期は、5、500億円と過去最大の連結最終赤字になる見通しを立てている。リストラ費用が2、600億円規模にのぼるため、資金不足に備えた資金調達計画の一環である。その効果が出る平成29年3月期には「固定費削減効果（今期見通し比）3、000億円程度」（12・29）になると試算している。

工事進行基準

日経は「2007年のIHIに続き、今年も東芝で『工事進行基準』に関わる不適切会計が発覚した」と報じている。工事進行基準は見積りの要素が多く含まれており、この見積りには努力目標などの要素が入り込みやすく、不正の意図はなくても客観性を保つのが難しい会計方法といえることから「重要な虚偽表示リスクが高くなる会計方法」である。その結果、一般論として、監査法人が過少見積りを指摘するのは難しいという外部の第三者の発言がある。東芝の不適切会計問題のひとつのキーワードが「工事進行基準」である。拙著『租税法の基礎』に詳しく論説しているので、それを参照してもらいたいところであるが、本書の読者にはその「要点」を示しておくことにする。(4)

企業会計原則・【注7】の「工事収益について」では「長期の請負工事に関する収益の計上については、工事進行基準又は工事完成基準のいずれかを選択適用することができる。」として、①工事進行基準については「決算期末に工事進行程度を見積り、適正な工事収益率によって工事収益の一部を当期の損益計算に計上する会計方法」であり、②工事完成基準は「工事が完了し、その引き渡しが完了した日に工事収益を計上する会計方法」であると説明されている。

法人税法第64条（工事の請負に係る収益及び費用の帰属事業年度）第1項は「内国法人

が、長期大規模工事の請負をしたときは、その着手の日の属する事業年度からその目的物の引渡しの日の属する事業年度の前事業年度までの各事業年度の所得の金額の計算上、その長期大規模工事の請負に係る収益の額及び費用の額のうち、当該各事業年度の収益の額及び費用の額として政令で定める工事進行基準の方法により計算した金額を、益金の額及び損金の額に算入する。」と定めている。

① 「政令で定める大規模な工事」は、10億円以上の工事である。

② 「その他政令で定める要件」は、請負対価の50％以上の金額が、目的物の引渡後1年を経過する日後に支払われることが定められていないものである。

③ 工事進行基準は、工事の請負金額とその工事原価（当該事業年度末日の現況により見積られた金額）に、当該事業年度末日における当該工事の進行割合を乗じて計算した金額から、当該事業年度前の各事業年度に計上された収益の額と費用の額を控除した金額を、当該事業年度の収益の額および費用の額とする。

④ 平成20年度の税制改正以前においては「赤字見込みの長期請負工事」は、原則として工事進行基準の適用が認められなかった。ただし、工事期間が2年以上で請負金額が50億円以上の案件については認められていた。

船舶、建物およびダム、橋梁等の建設のような大型工事は工期が長く、金額が多額になる。通常の実現基準（工事完成基準）を採用していると、工事（業務の遂行）をいかに行っても完成・引渡するまで売上（工事収益）が計上されず、また引渡が完了した事業年度においては一時に高額な売上が計上されることになる。そのため、個々の事業年度の適正な利益計算を損なうことにもなりかねない。そこで各事業年度の利益が当該事業年度の遂行された努力（成果）を合理的に表示し得るように、長期かつ巨額の工事について工事進行基準の適用が認められている。長期請負工事等の会計処理を適用するにあたって採用される工事進行基準は、発生基準（生産基準）に相当するもので生産の進捗度に応じた収益を計上するものである。ただし「収益の確実性」の観点から、売上が契約によって確定している受注生産・請負工事等に適用される。

企業会計基準委員会は、平成19年12月27日、企業会計基準第15号「工事契約に関する会計基準」（以下「工事契約新会計基準」という。）を公表した。この新会計基準では「工事契約に関して、工事の進行途上においても、その進捗部分について成果の確実性が認められる場合には工事進行基準を適用し、この要件を満たさない場合には工事完成基準を適用する。」こととされている以上、工事進行基準を強制適用としていることになる。

成果の確実性を確保する3つの要素（見積計算値）は、①工事収益の総額（通常、契約金額）、②工事原価の総額（当初は受注時の原価見積額）および③各事業年度末日の工事進捗度（税法上の進行割合）である。なお、受注製作のソフトウェアの制作費については「研究開発費等に係る会計基準」において「請負工事の会計処理に準じて処理することとされていることから、本新会計基準は、このような取引についても、契約の形態を問わず適用範囲に含めること」になっている。また、赤字工事に対しては「工事損失引当金」を売上原価に計上することを求めている。東芝では、この工事進行基準を採用している事業において適切な会計処理すなわち工事損失引当金を計上していなかった。

修正計算書類の財務数値の比較検証

東芝は、平成27年9月30日、幕張メッセで「臨時株主総会」を開催した。臨時株主総会招集ご通知の「訂正した会計処理の概要」では、①工事進行基準に係る事案（筆者注：⑤と⑥を除き表題のみ記載）、②映像事業における経費計上等に係る事案、③半導体事業における在庫の評価に係る事案、④パソコン事業における部品取引等に係る事案、⑤その他、以上のほか自主チェックにより判明した事象及び独立監査人の監査の過程で判明していたものの重要性の観点から修正を行わなかった虚偽表示等。⑥上記訂正による派生的影響。ここでは「これらの会計処理の訂正に派生して、映像事業、パソコン事業、半導体事業のうちディスクリーン及びシステムLSI等の各事業に係る固定資産の減損の認識、認識時期の修正及びこれに伴う減価償却費の修正等を行い、また、税金計算についても遡って訂正しました。」と説明している。この訂正を行った後の財務数値は、以下に示した表2―1のとおりである。なお「招集ご通知」では百万円単位で表示しているが、ここでは見やすくするために億円単位で表示（億円以下切捨、以下同様）している（5～7頁）。

表2―1を概観すると、5年間の①売上高修正減額は（△）5、730億円で、②当期純損益の修正減額は（△）1、477億円となっている。当該金額だけ粉飾を行っていたことになる。今回の臨時株主総会で報告された連結計算書類（第176期報告書・平成27年3月期）の数値の中の主要な科目（貸借対照表）は、62頁に示した表2―2のとおりである（26頁）。

表２－１　財務数値訂正前後比較表

（単位：億円）

事業年度	摘　要	訂正前 (A)	訂正後 (B)	影響額 (A)－(B)
2010年3月期（第171期）	売上高	63,815	61,376	△ 2,439
	継続事業税引前損益	249	△ 143	△ 393
	継続事業純損益	△ 47	△ 391	△ 344
	当期純損益	△ 52	△ 400	△ 347
	当社株主帰属純損益	△ 197	△ 539	△ 342
	総資産	54,511	54,637	125
	純資産	11,276	10,348	△ 927
2011年3月期（第172期）	売上高	63,985	62,639	△ 1,345
	継続事業税引前損益	1,955	2,017	62
	継続事業純損益	1,548	1,738	190
	当期純損益	1,466	1,664	198
	当社株主帰属純損益	1,378	1,583	204
	総資産	53,793	53,513	△ 279
	純資産	11,796	11,032	△ 763
2012年3月期（第173期）	売上高	61,002	59,964	△ 1,038
	継続事業税引前損益	1,524	614	△ 909
	継続事業純損益	874	129	△ 744
	当期純損益	861	118	△ 743
	当社株主帰属純損益	737	31	△ 705
	総資産	57,312	56,730	△ 581
	純資産	12,365	10,838	△ 1,526

（単位：億円）

事業年度	摘　　要	訂正前 (A)	訂正後 (B)	影響額 (A)－(B)
2013年 3月期 （第174期）	売上高	58,002	57,222	△780
	継続事業税引前損益	1,555	749	△806
	継続事業純損益	957	365	▽591
	当期純損益	957	315	▽641
	当社株主帰属純損益	775	134	▽641
	総資産	61,067	60,216	▽851
	純資産	14,165	12,058	▽2,106
2014年 3月期 （第175期）	売上高	65,025	64,897	△128
	継続事業税引前損益	1,809	1,823	13
	継続事業純損益	846	902	56
	当期純損益	696	752	56
	当社株主帰属純損益	508	602	94
	総資産	62,416	61,725	△691
	純資産	16,523	14,459	△2,063

表２－２　平成27年３月期連結貸借対照表

平成27年３月31日現在　　　　（単位：億円）

資　産　の　部		負債の部・資本の部	
流動資産	33,384	負債の部合計	47,694
現金預金	1,993	仕入債務	12,263
売上債権	14,286	未払金・未払費用	5,195
棚卸資産	10,047	前受金	3,981
その他	7,058	その他流動負債	7,668
流動資産以外の資産	29,963	社債・長期借入金	10,450
投資・貸付金等	6,398	未払退職・年金費用	5,826
土　地	942	その他固定負債	2,308
建物・構築物	9,481	資本の部合計	15,653
機械装置その他	20,777	株主資本	10,839
建設仮勘定	817	資本金	4,399
減価償却累計額	△23,155	その他	6,440
その他の資産	14,703	非支配持ち分	4,813
合　計	63,347	負債・資本合計	63,347

この連結貸借対照表をもとに主要な財務数値（比率）分析を行うと、「財務の健全性」を示す①総資産資本比率は24・7％で、②総資産株主資本比率は17・1％であり、名門・優良企業としては低い位置にある。資金収支の状況を示している③売上債権（受取手形＋売掛金）回収日数を計算すると78・3日となっている。製品を売り上げてから回収するために、約2・5ヵ月を要していることになる。中央政府ならびに地方政府に対する売上代金は通常、納品後1ヵ月後の支払いであるから、防衛省等への納品もあることを考慮すると、一般の取引の売上代金の回収期間は3ヵ月程度になっているものと思われる。また「将来の成長性」を示していると思われる投資状況、④減価償却比率（分母は建物・構築物＋機械装置その他）は76・5％であり、概観的判断では減価償却が進んでいることを示している。その結果、新規の設備投資が相対的に行われていないことを意味している。つぎに連結損益計算書の数値の中の主要な科目は、以下に示した表2―3のとおりである（分冊1の27頁）。

表2－3　平成27年3月期連結損益計算書

自平成26年4月1日　至平成27年3月31日

（単位：億円）

原価・費用・損失の部		売上高・その他収益の部	
売上原価	50,790	売上高	66,558
売上高総利益	15,768		
販売費・一般管理費	14,064		
営業利益	1,704		
営業外費用	1,834	営業外収益	108
		その他の収益	1,387
		税金等調整前当期純利益	1,366
法人税等	1,556		
非支配持分控除前当期純損失	△190		
非支配持分に帰属する当期純損益	△188		
当社株主に帰属する当期純損失	△378		

（注）一般に計算書類の作成様式は，貸借対照表は勘定様式で，損益計算書は報告様式で作成している。東芝の場合も同様にその作成様式で作成されているが，本書においては損益計算書についても勘定様式に衣替えして作成している。

この連結損益計算書の数値をもとに主要な財務数値（比率）分析を行うと、資金収支の状況に関連する①棚卸資産回転率、したがって回転日数（在庫日数）を計算してみると、72・2日分保有していることになっている。また営業業績に直結する②製造原価率を見ると76・3％で、高い原価率となっている。特徴ある独自製品を開発しきれていないのが原因である。さらに、最終利益に直結する③売上高営業利益率は2・6％である。1、000円の売上高で26円の利益しか上げていない苦境にある。最近、企業の業績評価指標として、ROE（株主資本当期純利益率）がとかく問題視されている。[5]東芝の場合、赤字決算になっているのでROEは計算せず、売上高営業利益率を取り上げてみたのであるが、当期は不正会計の修正決算期であったので、業績評価としての売上高営業利益率は趨勢比較上、問題とすべきものではないとしても、④近未来の目標設定数値としては、また株主をはじめとする利害関係者の期待に応えるためにもROEを10％程度として、売上高営業利益率を15～20％程度に設定して、その達成（実現可能性ある目標値）すべき経営戦略を策定する必要があるものと考える。

臨時株主総会招集ご通知に「今後の経営体制、ガバナンス体制、再発防止策等についての対応状況」において4つの施策を挙げているが、近未来の将来像については何ら触れていない。株主をはじめとする利害関係者の関心は「東芝がどのように成長戦略を描き、どのように収益力を高めていくのか」にあるものと思慮するところであるが、成長戦略については説明されていない。

第三者委員会の調査報告書

①　第三者委員会の報告書作成の前提条件

第三者委員会の『調査報告書』（平成27年7月20日）は、約３００頁にのぼる長文の報告書である。委員長1人、委員3人で構成（補助者は別）されている。本書は和暦を基本として記載しているが、この調査報告書は西暦で示されているので、本稿では原則としてそれに従って記載していくことにする。まず「２０１５年2月12日、証券取引等監視委員会から金融商品取引法第26条に基づき報告命令を受け、工事進行基準案件等について開示検査を受けた。」そこで東芝は自己調査を行った。その結果、工事進行基準案件に係る会計処理について調査をする必要があると判断し、室町取締役会長を委員長とし、外部の弁護士と公認会計士を加えた「特別調査委員会」を設置して調査を行うことにした。この調査の過程で「工事損失が適時に計上されていない等の事象が判明し、また工事進行基準案件における工事原価総額の見積りの問題以外にも、更なる調査を必要とする事項が判明」するなど不正会計問題が広がりを見せたことから、「第三者委員会による調査」を行うことを決定するにいたった。

第三者委員会に委嘱された調査対象は、以下の4点である。

ア　工事進行基準案件に係る会計処理——過大な利益が計上されているなどの不適切な会計処理がなされていないか。

イ　映像事業における経費計上に係る会計処理——原価の一部を翌期に計上していたなどの不適切な会計処理がなされていないか。

ウ　ディスクリート、システムLSIを主とする半導体における在庫の評価に係る会計処理——半導体の棚卸資産を過大に評価すること、システムLSIの製品等について評価損を計上しないなどによって利益を過大に計上してはいないか。

エ　パソコン事業における部品取引等に係る会計処理——パソコンの製造を海外の外注先（ODM先）に委託している際に部品を高い価格で売却し、当該部品が完成品に組み込まれて戻ってくる可能性があり、部品売却の未実現利益が適切に処理されているか。

第三者委員会が調査報告書を作成するにあたっての「調査の前提」（報告書作成のための前提条件）として9つ列挙しているが、重要な前提として以下の2つを挙げることができる。また、特別調査委員会の調査結果ならびに収集した資料は引き継がれている。

ア（4）項目　本委員会の調査及び調査の結果は、東芝における調査対象に関する事実の確認と、調査対象たる会計処理が適切性を欠くと判断した場合において、東芝におけるその発生原因の究明と再発防止策の策定・評価のために用いられることを予定しているものであり、それ以外の目的のために用いられることを予定していない。

この記載内容は、臨時株主総会招集ご通知に「今後の経営体制、ガバナンス体制、再発防止策等についての対応状況」に関連してくることになる。また、最後の前提条件（それ以外の目的の利用）は、訴訟や損害賠償において利用されることを拒んでいる意味と理解される。

イ（5）項目　本委員会の調査及び調査の結果は、東芝からの委嘱を受けて、東芝のためだけに行われたものである。本委員会の調査の結果は、第三者に依拠されることを予定しておらず、いかなる意味においても、本委員会は第三者に対して責任を負わない（15頁）。

この記載内容もきわめて「重要な前提条件」を成している。「東芝から委嘱を受け、東芝の会計問題を調査して、東芝のために報告書を作成する。」というのが第三者委員会の基本的姿勢である。調査報酬の支払者が東芝であってみれば、依頼者に向けた調査となるのはある意味では当然の帰結である。しかし「第三者委員会の役割」はそれと異なるところにあるものと理解されている。つまり「株主を始めとする利害関係者に向けた情報の発信（事実の真実なる報告）が主要命題と期待されている。」からである。ところで『「企業等不祥事における第三者委員会ガイドライン」の解説』の中では、「第三者委員会は社会全体、マーケットメカニズムそのものを依頼者と考えなければならなくなる。だからこそ不祥事を起こした企業や経営者が不利益を被ろうとも、第三者委員会は徹底した調査により原因の分析評価を行い、それらの事実と評価を開示する事を求められている。」（Ⅷ頁）と説明している。しかし、東芝の第三者委員会の調査報告書の作成方針は、「調査の前提」に記載されているように、株主をはじめとする利害関係者に向けられて作成されているものではない。

② 原子力事業部と内部統制機能

調査報告書の第2章三5（経営監査部監査および監査委員会監査）の中で「東芝では、内部監査部門として、社長直属の『経営監査部』を設置し、業務執行の正当性、結果責任および遵法の視点から、カンパニー、スタッフ部門、当社グループ会社などの監査を行っている。」と、組織の設置と職務を謳っている。しかし組織の陣容や実施状況など、その「実効性・有効性を判断することができる資料」は示されていない。とくに「業務執行の正当性」を評価すべき業務実績の一端なりとも開示すべきであったと思われる。現実は、規定に即した監査が行われていないことが判明しているから、その開示は大切な情報であると考える。

また監査委員会は「監査結果について（経営監査部から）都度報告を受け、当該報告などにより必要と判断した場合は、監査委員会自ら実地調査を行うこととしている。」ということであるが、ここに2つの問題点がある。①経営監査部から、監査実施の状況ならびに結果について報告を受けることは必要な職務であるが、経営監査部は組織上、社長直属の部門である。そのため業務執行部門から独立した監査委員会の監査とは、品質上同一視することはできない。業務執行部門から独立した監査委員会事務局が、監査を行うべきである。②必要と判断した場合は、監査委員会自ら実地調査を行うことにしているということであるが、監査委員会は独自に監査計画を策定して自ら監査対象重点部門もしくは優先的監査対象部署（工場、営業所、子会社など）を選定して、監査計画を策定（業務監査を含む）し、効率的・有効的に監査を実施していくことが肝要である。著者の知り得る限り、その意味ではかなり限定的になるが、社外取締役の監査委員（監査役会設置会社にあっては社外監査役）が工場、営業所、子会社などに往査することは珍しいようである。しかし、「現場を知らずして有効な監査ができるのか」というと、懐疑的に判断せざるを得ない。

東芝の不正会計におけるキーワードの1つが「工事進行基準」である。工事進行基準の会計処理を行うには、各四半期末での工事収益総額と工事原価総額の見積りと各四半期末に発生した工事原価の測定が必要になる。この点、工事収益総額は見積り（設計変更などにより契約金額の変更がある）ではあるが、主に顧客との交渉によって定まり、また工事原価は実際に発生した費用の集計であることから、一般的には、社内で行う工事原価総額の見積りによる虚偽表示のリスクが高いという性格を持っている。具体的には、各四半期末の工事原価総額が過少見積りとなった場合、①売上が過大計上されるか、②工事損失引当金が過少計上されるか、計上されないことになる（32頁）。不正会計（会計操作）としては、そのほかに③工事原価（直接費・変動費）を他の工事に振り替える（付替処理）か、④管理費（本社費等の付帯経費「間接費・固定費」）の過少計上（過少配賦）が行われることがある。

東芝では「工事進行基準の適用の有無にかかわらず、①当期末において2億円以上の損失が発生することが見込まれ、かつ、②当該損失額を合理的に見積ることができる案件については、翌期以降の損失見込額を『受注工事損失引当金』として計上する」（42頁）こととされていたが、現実には遵守されていないことが判明した。

電力社（原子力事業部）は、受注時の2012年1月に「受注時点での合理的な見積工事原価総額が契約金額（見積工事収益総額）を超過する部分について工事損失引当金を計上すべきであった。この修正により2011年度第4四半期における見積工事原価総額は90億円、損益への影響額は△19億円となる。」（45頁）が、工事損失引当金を計上しなかった。不計上の原因は、部門の責任者が「工事損失引当金は損失が確実に発生することが明らかになってはじめて計上するものである」（49頁）と判断したことによるものである。しかし、これは会計基準を理解していないことによる誤解である。むしろ言い訳としか聞けない。工事進行基準はあくまでも「見積計算による会計処理方法」であり、相対評価を原則とする会計方法である。企業会計原則「保守主義（安全性）の原則」に反する会計認識である。また損失が確実に発生した場合は、引当金（見越計上額）ではなく「実現損失」である。

内部統制機能の一環として「相互監視」が必要であり、東芝の規定においては「カンパニーの経理部は適切な会計処理を行うための牽制機能を期待され、内部統制の一翼を担っていた」が、経理部長は電力社受政会議のメンバーであるにもかかわらず、当該会議に出席しておらず、経理部は「ロスコン案件」について認識する機会を失っていた。見積工事原価総額の算出などの会計関係数値について関与していなかったことなど、本件事項に係る内部統制は機能していなかったことが判明した（50頁）。

また、別に組織上の問題点も発覚している。「会計知識を有し、事業部とは独立した立場から牽制機能を発揮しうる立場にある経理部のメンバーは、電力社の受注決済基準によれば、原子力受政会議の出席者とされていない。そのため経理部はB案件が赤字受注案件であることを認識していなかった」（57頁）とされるが、牽制機能が働かなかったことは内部統制システムに欠陥があったことを示している。

内部統制が有効に機能するように整備するのは経営者の責任であり、また有効に機能しているかを確かめるのが取締役会の監視責任とされているにもかかわらず機能していなかった。そのため「経営者の善管注意義務」と「取締役会の監視義務」において、何らかの責任が問われてくることになるものと思慮している。さらに内部統制上の問題として「経営監査部が、B案件の受注以降２０１４年度第３四半期末までの間、原子力事業部の監査を行った事実は見当たらなかった。」（58頁）ということであるが、まずは第三者委員会として「経営監査部の（年間）監査計画の妥当性、合理性、適格性等」を評価すべきであったと考える。

またD案件では、２０１１年7月6日の電力社受政会議において火力・水力事業部の原価見積額として２１９億円を提案されていたが、２０１３年1月15日に取引先のD社と１８８億円で契約金額が合意された。この契約内容（赤字受注）について国内火力営業部の担当者は認識していたが、工事損失引当金を計上していなかった。そのため第三者委員会は「収益改善の施策等については具体的な検討がなされた形跡がなく、損失計上を先送りする意図を有していた」（69頁）との判断を下している。

③　ＳＩＳ社と工事損失引当金

つぎは、ＳＩＳ社（社会インフラシステム社）に関係する不正会計である。ＳＩＳ社は、電力流通システムや鉄道・自動車システム、ソリューション・自動化機器、電波システムの事業分野で多岐にわたる製品を提供している会社である。ＳＩＳ社の経理部には、ＳＩＳ社の会計処理が適正に行われる制度を構築し、そのような制度を管理する役割を発揮することが期待されていたが、そのような機能が適切に働いていなかったことが判明した。内部牽制制度という制度設計を設けていたが「Ｈ案件において、ＳＩＳ社は、２０１３年９月開催のＳＩＳ社受政会議において契約金額の上積みや追加のコスト削減策を考慮したとしても80億円程度の工事損失の発生が予想されていたものの、合理的な理由なく、受注時点において工事損失引当金を計上せず、２０１３年度第３四半期以降も工事損失引当金の計上をしなかった。」とまとめている。その上で「２０１３年度の見積工事原価総額の増額は第２四半期で２５５億円、損益への影響額は△２５５億円となる。」と説明している（１０３・１０４頁）。その結果、「Ｈ案件については、受注時から多額の損失が見積られており、２０１３年度第２四半期に工事損失引当金を計上すべきであった。」との判断を行っている。

カンパニーの経理部は「Ｈ案件に関しては、受注前の段階では経理部長がＳＩＳ社受政会議に出席し、受注後も経理部長や経理部担当者においてＣＰ（カンパニー社長）への報告やコスト状況を確認する会議等に出席していた。このため合理性ある見積りを前提として見積工事原価総額を見直すとともに、ロスコン案件抽出の手続を開始するよう指摘や指導などを行うべきであった。」が、行われていなかったことから「経理部の内部統制は全く機能していなかったと言わざるを得ない。」と批判的に指摘している。さらに、2014年6月に監査委員長に就任した元CFOは「H案件について、多額の損失が発生する見込みであることを認識していたにもかかわらず、監査委員会において社内システム上のNETの見直しや工事損失引当金の計上について、SIS社に対して何らかの指摘をしたり、監査委員会において何らかの議論をした形式はうかがわれない。このため監査委員会が適切な内部統制機能を果たしていたとは評価できない。」（113頁）と厳しく指摘している。しかし、このような事実（不正会計）があったがゆえに元CFOを監査委員長に就任させ、問題点が浮き彫りにされないように布陣させていたと考えるべきではないかと思慮する。不正会計が発覚しないように内部的に統制（管理）されていたと理解すべきであり、その意味でも「不正会計は組織的に仕組まれた隠蔽行為」であったと理解される。

④　CS社と受注損失引当金

CS社は、スマートコミュニティ（情報通信技術を活用しながら、再生可能エネルギーの導入を促進しつつ、電力、熱、水、交通、医療、生活情報など、あらゆるインフラの統合的な管理・最適制御を実現しつつ、社会全体のスマート化を目指すもの）の実現を主な業務分野とする会社である。CS社（SIS社ソリューション・自動化機器事業部を含む）においては、工事損失引当金の計上やその必要性について、CEOやCFOへの報告およびこれらの者の決定・承認は何ら要求されていない。

ここで取り上げる取引はK案件であり、本案件はSIS社が2012年11月に取引先K社から、ETC設備更新工事を納期2016年6月（当初）、契約金額97億円で受注した案件である。着工後の2012年度第4四半期時点でトラブルが発生し、コストが増加することになったが、このコスト増加分を吸収することができなかった。したがって「当該四半期において、見積工事収益総額及び見積工事原価総額を増加した上で追加の工事損失引当金（141億円）を計上すべきであった。」（144頁）。修正された場合の売上高総利益額は2012年度△156億円、13年度△179億円、14年度第3四半期△198億円となっている。

2014年度予算に、K案件について52億円の工事損失を織り込んだ中期計画が策定された。そして2015年3月18日にはK案件の工事損失見込額が148億円に膨らんでいることが判明したが、事業部門の責任者から2014年度で予算化された52億円で抑えるように指示された。その上で、2014年度下期としては52億円の引当計上で、公認会計士に説明するように財務部主計担当と相談しているが、財務部主計担当からは、これでは「とても会計士説明に耐えられない」と判断され、反対意見が出されている。しかし、その後の検討で、会社損益への影響が大きいことから、52億円に40億円を加えた「会計士説明に耐えられる92億円」で折り合い、会計士に説明することになった（150頁）。ここで反証しなければならないことは、工事損失見込額148億円について、92億円の工事損失引当金の計上で公認会計士が納得（諒承「監査人が監査意見上の心証を得ること」）するのか、きわめて不透明な妥協である。財務部主計担当が、これなら会計士を説得できるぎりぎりの金額と理解したということなのであろうか。

CFOおよびコーポレート財務部長は「2013年11月の時点で、K案件について最低でも87億円の工事損失見込みであることの報告を受けていたので、（中略）適切な対応を取るべきであった。」と指摘している。この際CFOは「株主代表訴訟なども意識して引き当てを考えていきたい」と述べているが、実行されることはなかった。したがって「K案件については、財務部門としての内部統制は全く機能していなかった」と判断された。経営監査部はK案件について多額の損失が見込まれていることを認識していたことが窺われるが、会計処理については何らの指摘もしていない。このため「経営監査部としての内部統制は機能していなかった」（158頁）といわざるを得ない。K案件については、経理部長から監査委員会に報告されているが、委員長ならびに各委員から特段の質問もなく、また経営監査部の監査結果の報告を受けているが、K案件の不適切な会計について、何らの指摘や報告を行った形跡は見当たらないことなどから、第三者委員会は「監査委員会としての内部統制は全く機能していなかった」との判断を下している。なお、会計監査人もこのK案件について「監査上、特段の指摘をしていない。」（158・159頁）と説明されている。

⑤　映像事業の会計処理

映像事業においても、いくつかの問題とされるべき会計処理が発覚している。「映像事業の事業部門においては、損益目標値を達成するための対策としてC／O（キャリーオーバー）と称する損益調整、すなわち当期で引き当てるべき引当金を計上しなかったり、経費の計上を翌期以降に先伸ばししたりすることによって見かけ上の当期純利益を嵩上げすることを行ってきた。」（181頁）のであるから、このような不適切な会計処理は慣習（継続適用）として行われてきたことを意味している。

映像事業には、適切な「会計規定」や「会計実施細則」などに相当する、会計一般を司る規定が存在していなかったようである。そのために、たとえば「映像事業の事業部門においてC／Oの内容や、実施方法、管理方法等について明文化されている社内ルールは存在しないが、概括的に言えば損益調整（見せかけ上の利益の嵩上げ）のために行われていた様々な施策をC／Oと称していた。（中略）映像事業の事業部門がC／O残高として認識していたものは、損益調整のための対策として行われたものであり、実際にもC／O残高として認識しているもののほとんどが不適切な会計処理であることが確認されている。」と指摘している。2011年7月に、DS社（デジタルプロダクツ&サービス社）の経理部長と本社財務部とが「C／Oの定義」ついて協議を行った。こまかい内容は別として、最終的には「会計的には不適切な処理をする内容の総括」（185頁）とされた。

東芝の映像事業は、遅くとも2008年頃から「損益目標値を達成するための対策」として不適切なC／Oを継続して行ってきた。その背景として、映像事業の赤字体質があった。「東芝の映像事業は、海外事業が不振の状態が続いており、2007年度以降も金融危機に端を発した景況不況等により事業損益が厳しい状況が継続し、とりわけ2011年度以降は極めて厳しい状況にあった。（中略）2011年度には535億円という大幅な営業損失となり、2012年度も481億円、2013年度も261億円、2014年度も354億円という巨額の営業損失を計上し続けていた。」（187頁）という赤字事業であり、映像事業は深刻な苦境に陥っていたのである。DS社は、2011年6月の社長月例において、映像事業における不適切C／Oの残高を含むC／O残高及びその増減につき報告を行ったおり、映像具体的にC／Oが少なくとも損益調整のために行われていることが分かる形で報告されていたことから、上層経営者ならびに主要な関係者が知り得る環境（職位）にあったものとみなすことができる。

このように複数のもしくは経理部や経営監査部の人たちは、東芝の「主要な事業部が絶え間なき不正会計」を行っていたことを認識していたものと理解される。しかし、これらの人たちの誰1人として「正すこと」をせず、また監査委員会の独立社外取締役は、東芝が作成する計算書類ならびに提出される他の財務資料に表示されている財務情報について質問し、もしくは疑義を抱かなかったのか、大きな疑問が残るところである。新聞報道によれば、重要な財務情報の説明はなく、決算取締役会において計算書類に関する詳細な報告もなかったとする記事があったようであるが、それに対しては決算取締役会（現実問題としては毎月行われている定例取締役会での月次決算報告）の際に行われる報告・説明に対して質疑し、もしくは報告を受けるように要請すべきであったと考える。

⑥　パソコン事業における部品取引等に係る会計処理

ＰＣＳ社（パーソナル&クライアントソリューション社）において行っているＰＣ（パーソナルコンピュータ）事業においては、台湾のＯＤＭ（Original Design Manufacturing）メーカーにＰＣの設計、開発、製造を委託している。東芝は、ＯＤＭ先に対して部品を有償支給している。その際、東芝の調達価格が競合他社に漏洩することを防止するため、調達価格に一定の金額を上乗せした価格（供給価格、東芝ではこの価格を「マスキング価格」と称している）で支給している。完成品は、東芝を経由して各地域で販売されている（206頁）。

部品取引は将来の完成品取引を前提としたものであって、ODM先へ供給した部品は、加工の上、完成品という形で東芝が買い戻していることから、部品取引は「買戻条件付取引」となる。したがって各決算期においては、部品取引時に認識した利益相当額を取り消す必要があるが、東芝はこの未実現利益の控除を行ってこなかった。それよりも重要なことは、東芝では、ODMへの部品供給量を調整することで「多額の利益計上が可能な仕組み」になっていた。なお第三者委員会によれば、この損益影響額を算出するために「必要な的確なデータの提供を受けられなかった」（214～215頁）ということであるが、一定の算式（条件設定）により上乗せする金額が決まっていることと、在庫の有り高から一定の推定値（未実現利益相当額）は計算できたものと考える。しかし試算していない。

部品取引および完成品取引を「Buy-Sell取引」という。2011年頃、Buy-Sell取引を用いたODM部品の押込販売については、経理部やコーポレート財務部およびCFOのいずれもが「不健全であり解消すべき対象であることを認識」していながらも、逆にPC事業部及び映像部門の損益の悪化をカバーするため、ODM部品の押込額を含むBuy-Sell利益計上額残高は増加していった。Buy-Sell利益計上額残高の推計値は、「2011年3月末で461億円に、2012年3月末で496億円に、そして2013年3月末には721億円までに膨らんでいる」（227、228、231頁）という状況にあった。

第三者委員会は、このような不正会計を続けてきたことに対して「経営トップらの関与を含めた組織的な関与があり、かつ、意図的に『当期（純）利益の（実力以上の）嵩上げ』をする目的の下に行われた」ものであること、さらに「このような行為が経営トップらの関与の下に実行され、継続されてきたことは、経営トップらの関与者において適切な会計処理を実施すべき意識、すなわちコンプライアンスが利益に優先するという意識が希薄であったと言わざるを得ない。」（232、236～237頁）と断じている。

経営監査部の2009年度、2011年度および2013年度の各々の監査において「Buy-Sell取引において不必要な数量の部品をODM先に保有させている可能性がある点は指摘しているものの、意図的なODM部品の押し込みについて明確に指摘するには至っていない。（中略）そのため実際にはODM部品の押し込みは解消されることなく、経営監査部は内部統制機能を果たしていなかったものと評価される。」としているが、重要なことは「指摘（改善勧告）」を行った場合、通常「改善計画書」の提出を求め、かつ一定の時間（通常1年後）が経過したのちに改善が行われていたかどうか、確認（事後検証）している。東芝場合、本報告書を閲読する限り、これすら行っていなかったものと理解される。

また監査委員会の「機能の発揮」の程度であるが、元CFOのMが2011年6月から2014年6月まで、同様に元CFOのKが2014年6月以降、それぞれ監査委員会委員長に就任していた。同人らはそれぞれ元CFOとして、ODM部品の押し込みの事実を認識していたが、「ODM部品の押し込みについて何らかの監査委員単独の権限を行使した形跡が見当たらない。」ことから「監査委員会の統制機能が十分に機能していたものとは到底評価し得ない。」（239頁）と断じている。しかし、不正会計の首謀者の1人であったならば「隠し通すことが与えられた任務」であり、不正会計を暴くことは、当初から期待されていないのが実情であったと理解すべきである。

役員責任調査委員会の調査報告書

東芝は、平成27年9月17日、「不適切会計処理に関し、現旧役員らにおいてその職務執行に関し任務懈怠責任があったか否か及び東芝としてそれらの者に対し損害賠償すべきか否かにつき、適切かつ公正に判断するため、東芝及びそれらの者と利害関係を有しない中立・公正な弁護士3名から成る役員責任調査委員会（以下「本委員会」という。）を設置した。」本委員会は、委員3人（うち1名が委員長）の弁護士と補助者として委員会事務局に弁護士11

人が加わっている。なお、その他の補助者として会計アドバイザー等11人がいる。

調査の方法としては、本委員会は「本件調査対象者に対し、直接のヒアリングや書面照会の方法により事実関係の聴取・確認を行ったほか、（中略）東芝の役員ないし従業員のＰＣ内のデータに関するデジタル・フォレンジックス及び会計監査人に対する書面照会を実施するとともに、参考人として本件調査対象者以外の東芝の役職員の一部に対するヒアリングを実施した。」ということであるから、調査方法の主体は「質問」と「確認（照会）」である。したがって、質問等に対する「回答の裏を取る」ことまでしたのかは不明である。この委員会の調査報告書の概要（要点）に触れていくことにする。

本委員会が取り上げる調査事項は、第三者委員会で指摘された「①インフラ関連案件に係る会計処理、②映像事業における経費計上に係る会計処理、③半導体事業における在庫の評価に係る会計処理、④ＰＣ事業における部品取引等に係る会計処理に関する本件調査対象者の善管注意義務違反等の法的責任の有無及び損害賠償請求の当否」である。まず①インフラ関連案件については、「東芝の連結子会社及び各カンパニーにおける複数のインフラ関連案件において、当該案件から発生すると見込まれる損失額が過小に見積もられ、適正な金額の損失引当金が適時に計上されなかったとの事実が認められた。」と断じている。

インフラ関連案件のＧ案件は、東芝におけるアメリカの連結子会社であるWestinghouse

Electric Company LLC（以下「WEC」という）に係る案件である。G案件では設計変更等によりコストが増加し、WECの会計監査を務めるアメリカの会計事務所から「2013年度第2四半期の時点で、見積工事原価総額の3億8、500万米ドルの増加が見込まれる状態であるとの指摘がされたことから、WECを所管する電力システム社（以下「電力社」という。）においては会計上同時点において当該見込みに従って工事原価総額を見積もるとともに、工事損失引当金の計上を行うべきであった。（中略）実際には同期末時点では、2億9、300万米ドルのみが計上された。」にすぎない。調査の結果、財務等の責任者であるTとKが上記行為に関与しており「善管注意義務違反による損害賠償責任が認められる」（12頁）と判断している。

2013年10月下旬、東芝側の専門家チームがWECに派遣され、工事原価総額を精査した結果、増加見積額を6、900万米ドルと計算したが「WECの会計監査を務めるErnst & Young LLP（以下「米国EY」という。）からの指摘を踏まえた見解として、WEC側の増加見積額は3億8、500万米ドルであった。」というように、両者には大きな隔たりがあった。しかし、東芝は増加見積額6、900万米ドルを変更しないと決定した。この決定について監査法人は「東芝側の増加見積額6、900万米ドルに1億6、700万米ドルを加える必要があると判断し、未修整の虚偽表示（監査差異）」（37〜38頁）が存在する旨、報告したとされている。未修整の虚偽表示もしくは監査差異は、それが重要な金額である場合、一般の人から言わせると不正会計に相当し、端的には「粉飾決算」を意味している専門用語である。東芝の連結財務諸表を作成するにあたっては、被連結子会社が監査を受けている場合、当該監査人の監査意見を入手しているので、米国ＥＹの主張する「増加見積額３億８、５００万米ドル」に関する情報は入手していたと思われる。しかし東芝側が「ＷＥＣ側の増加見積額を採用しない」(38頁) ことに対して、どのような監査手続を行って監査意見の基礎固めである「心証の形成」をしたのか大きな疑問が残るところである。ただし、監査法人は「東芝側の工事原価総額の増加見積額とＷＥＣ側の増加見積額との間に看過しがたい差があり、両者間で合意できなければ、その差額を２０１３年度第３四半期の決算で損益認識すべき旨」(39頁) 要請している。しかしそれ以上の強い説得を行っていたかどうかについては明らかにはされていない。

またＩ案件では「会計上、遅くとも２０１２年１月には、少なくとも2、６００万米ドルの損失の発生が見込まれる状態になったことから、ＳＩＳ社においては、２０１１年度第４四半期において、当該見込みに従った損失引当金の計上を行うべきであった。また、その後も損失の発生見込みは解消されず、同期末時点では6、３８０万米ドルの損失が見込まれていた。」が、２０１３年度第2四半期末に25億円が引き当てられたものの、その後も適切な損失引当金の計上はなされなかった。そのため隠れ債務（簿外債務）が膨らんでいった。これらの調査の結果、SとKが上記行為に関与しており「善管注意義務違反による損害賠償責任が認められる」（12頁）と判断している。

つぎがK案件に関してである。K案件は、ETC設備更新工事を契約金額97億円で受注したものであるが、受注当時の見積工事原価総額は88億円であり、9億円の粗利が見込まれていた。しかし、その後の仕様の変更等により、2013年6月には少なくとも36億円の工事損失の発生が見込まれるように事態は悪化していた。しかし「2013年度第4四半期末に工事損失引当金を計上するまでの間、見積工事原価総額の見直し及び工事損失引当金の計上を一切行わなかった」ことから、K案件に関してはTとKが上記行為に関与しており「善管注意義務違反による損害賠償責任が認められる」（13頁）と判断している。

そして、そのつぎがBuy-Sell案件についてである。この案件の主要な取引形態である部品取引は、完成品取引と実質的に一連の取引であり、会計上は一個の取引と評価されることから、本来、部品取引時に利益を計上した場合には、同一四半期末に当該利益を未実現利益として取り消さなければならなかったのであるが、東芝はこの会計処理を行わなかった。東芝では「2008年度第2四半期から2014年度第3四半期までの間、各期末において未実現利益のかさ上げがなされ、精算されないまま、あたかも実質的な利益があるかのごとき会計処理が継続されていた」ことは重大なことである。これまでに触れてきたところであるが、繊維業界において長い間「糸売りによる同様な未実現利益」の計上が、会計慣行として行われてきた。しかし、昭和40年代の中期に「不適切な会計処理」として廃止された。しかし東芝は、そのような会計処理を行ってきたということであるから「適正な会計」もしくは「適正な財務諸表の作成」に関して、大きな問題を抱えてきたということになる。いずれにしても調査の結果、N、S、T、MおよびKの5人が上記行為に関与しており「善管注意義務違反及び取締役としての監視・監督義務違反による損害賠償責任が認められる」(14頁)と判断している。

社長の職責と権限について、本委員会の報告書では「社長は、東芝及びガバナンス対象会社の最高経営責任者とされ、中・長期事業戦略、最重要事項等について意思決定を行い、東芝及びガバナンス対象会社の経営資源を広域的に最適運用することにより相乗効果を発揮することとされている。(中略)東芝において業務執行に係る重要事項の決定を行う会議体がコーポレート経営会議であるが、社長は同会議の議長となり、同会議の意思決定も審議を経た上で最終的に社長がこれを決定するとされている。(中略)以上の権限を円滑に行使し、その職責を全うできるように、社長には広く人事権が付与されている。」ことから「社長は東芝の意思決定全般に関与する権限」（16～17頁）を有していることになる。そうすると、この報告書の文面を読む限り、東芝は委員会等設置会社（現・指名委員会等設置会社）に移行していたにもかかわらず、最高意思決定機関としての取締役会を支配していることになり、また人事権の最も重要な「社長後継者の人事権」も有していることになり、企業統治の有効な制度としての委員会等設置会社制度を骨抜きにしていたものと推認される。

カンパニー社長（以下「CP」という。）は、担当するカンパニーおよび傘下会社の最高経営責任者とされる執行役であるが、必ずしも「最高経営責任者の職位」に就いているわけではない。ともかく「各カンパニーにおいて業務執行に係る重要事項の決定を行う会議体がカンパニー経営会議であるが、CPは同経営会議の意思決定権者とされている。したがってCPは、自己が社長を務めるカンパニーの意思決定全般を統括し、EVP（カンパニー副社長）等の役職員に対する指示等の権限を有していたと認められる。」（18頁）と報告書に記載されているが、現実的な問題としては「各カンパニーにおいては、経理業務を担当する部門の最高職責者が、当該カンパニーの経営責任者とされており、決算の決定は各カンパニーのCPの権限とはされていない。各カンパニーは、経理規程に基づき決算を行い、コーポレート財務部に決算案を提出していた」とすれば、各カンパニーのCPは利益責任がないと考えるべきなのであろうか。各カンパニーの経営責任者はコーポレート（東芝「親会社」）財務部の支配下にあり、その指示で動いていることになる。したがって、各カンパニーの不正会計（決算操作）もコーポレートの指示によって行われていたと考えざるを得ない（21頁）。

内部統制システムの構築と運用について、本委員会の報告書は「東芝のような指名委員会等設置会社では、監査委員会は、執行役等の職務執行に関する違法性監査の権限を有することに加え、内部統制システムが適切に構成・運営されるかを監視し、必要に応じて内部統制部門に対し具体的指示をすることが任務とされる。したがって監査委員である取締役は、自ら内部統制システムの運用の担い手として執行役又は他の取締役の違法・不正行為を阻止すべき義務を負うと考えられる。」（30頁）と記述しているが、それでは東芝の監査委員会の各委員は十分かつ適切にその職務を果たしてきたのかが問われることになる。

まとめとしては「今回提訴する元役員5名の行為は、有価証券市場の健全性を害する行為であり、決して看過されるべきものではないが、一方で、いずれも個人的利益を図ったものでも、会社に対して特別に損害を加えようと画策したものでもない。」との事情を説明した後、N、S、T、MおよびKの5人に対して「民事訴訟の提起によって責任を追及することが相当である」と締めくくっている。しかし世上では、はたしてこの5人だけでよいのかという批判が出ている。組織的不正行為であったことからすれば、もっと関係者は多いはずであり「不正を正すことをしてこなかった不作為の責任」もあることから、ここに挙げられた

5人だけに限定することの意味はないというのがその意図である。

2　企業統治の新しい方向性

経済産業省の研究会報告書

平成27年7月24日、経済産業省は『「コーポレート・ガバナンス・システムの在り方に関する研究会」報告書』を発表した。表題は『コーポレート・ガバナンスの実践～企業価値向上に向けたインセンティブと改革～（以下「本報告書」という）』である。本報告書の「検討の背景」では「我が国では、本格的なグローバル競争時代を迎える中、我が国の『稼ぐ力』の向上のために、中長期的な収益性・生産性を高めることが重要となっています。こうした背景の中で、近時、スチュワードシップ・コードの策定（平成26年2月）、社外取締役の確保に向けた改正会社法の施行（平成27年5月）、コーポレートガバナンス・コードの策定（平成27年6月適用開始）等の取組がなされています。平成27年6月30日に閣議決定された『日本再興戦略』改訂2015においても、我が国企業の『稼ぐ力』の更なる向上のために、コーポレート・ガバナンスの強化が引き続き重要な課題として位置づけられており、近時のコード策定等の制度整備等を踏まえ、コーポレート・ガバナンスの実践を後押しする環境整備を行うことが要請されています。」と説明した後で、「社外取締役の役割・機能の活用という基本的な考え」の下で研究会のとりまとめを行ったとしている。

また「具体的な研究会の成果」としては（1）我がが国のプラクティス集、（2）英米における取組の概要、（3）会社役員賠償責任保険（D&O保険）の実務上の検討ポイント、（4）法的論点に関する解釈指針としている。なお「法的論点に関する解釈指針」においては、さらに①上程事項、②社外取締役の役割・機能等、③役員就任条項および④新しい株式報酬の導入についてまとめている。

近年におけるコーポレート・ガバナンス・システムのあり方としては、従来の考え方である「消極的・防止的・抑止的なシステムの構築」としての内部統制ではなく、近年の傾向である「積極的・開放的・収益力向上に向けたシステムの構築と運用」へと方向転換されてきている。本報告書の内容も、そのような方向性に向けたまとめ方をしている。本報告書の第1「環境の変化」でまとめている主要な内容としては、「①各企業において、女性も含めてその多様性を確保しつつ、個々の人材が能力を最大限発揮できる環境整備を図っていくことが求められている、②今後ますます激化する内外からの優秀な人材の獲得競争に如何に対応していくかも重要な課題となりつつある、③企業における経営者・従業員を含めた人材を如何にインセンティブ付けしていくかが大きな課題になっている。」とまとめている。

その上で「対応の方向性」では、「①インセンティブの付与が適切でなかった場合、企業に蓄積される無形資産も、資本市場からの期待に応えることができない非効率なものとなりかねない、②これまでに経験したことのない不確実性の下での退去が求められる中においては、目標達成についての事後的な評価は、事後的に生じた事象を踏まえた柔軟なものであることが望ましい」とした上で「本報告書では、検討のスコープを株主と取締役との間、取締役会と業務執行者等との間に関する検討に限定して進めていく」ことにしていると、本報告書の「まとめの方針」を謳っている。ここでひとつ付言しておくとすれば、会計監査上「内部統制の評価」の視点から、取締役会と業務執行者等との間の関係については「両者のコミュニケーションのあり方（頻度と討議の内容等）」が監査要点のひとつとされている。

本報告書の第2「基本的な考え方」では、「①役員就任条件は、優秀な人材を内外から確保し、経営者を含む業務執行者等の適切なインセンティブの創出に寄与するものであり、企業にとってはいわば「将来への投資」でもある、②取締役会の機能としては、（ア）基本的な経営戦略や経営計画を決定することに加え、（イ）監督機能と意思決定機能の双方を果たすものとされている。③そして取締役会が監督機能を発揮する場合においては、企業の基本的な経営戦略や経営計画を踏まえて、経営者が適切な努力を怠った時には、経営者の交代も含めて厳正に対応することが必要である」と記述している。現実としては、この課題はきわめて難しい職務（社外取締役としての義務的機能）である。新聞報道等によれば「オリンパス事件や東芝事件において、社外取締役は全く機能していなかった」とされている。要は「経営者の経営意思決定（経営哲学）」に依存するしかないのかもしれない。そのため、社外取締役としては「経営者の経営哲学を見極めること」が求められていることになる。

さらに本報告書では「コーポレートガバナンス・コードにより、Comply or Explain ルールの下で、少なくとも2名以上の『独立社外取締役』の選任が必要とされる」ことから、取締役候補者として「企業経営経験者は社外取締役の有力かつ第一義的な候補者である」としている。数的基準としての「2名以上の独立社外取締役」（形式基準）がとかく問題視されているが、重要なことは質的基準（実質基準）である。オリンパス事件や東芝事件においても、質的基準（実質基準）が充足された独立社外取締役が就任していたならば、より早期に問題点が発見されたであろうし、抑止機能が働いたものと考えられる。

つぎに、法的論点に関する解釈指針の中の第2「社外取締役の役割・機能」では、「①指名や報酬の決定を通じた業務の適切な評価と、評価等を通じた将来志向のインセンティブ付けによる監督、②利益相反の監督、③助言や議決権の行使による業務執行の意思決定への関与」が挙げられている。その上で「このような社外取締役の役割・機能を活用することにより、会社の意思決定の適法性や合理性を確保することが可能になる」としているが、そのために重要なことは「判断の適法性や合理性を支えるに足りる知見や経験を持つ人材（わたしはこのような人を「知験者」と呼んでいる）を社外取締役として選任しておくことが重要である」と締めている。

つぎが社外取締役の「監視義務」についてであるが、本報告書では「内部統制システムが機能している場合において、社外取締役の監視業務の範囲は、内部統制システムを前提として考えるべきであり、内部統制システムの構築・運用を確認し、その過程で不正行為の端緒を発見した場合に限り適切な調査をすれば足りる。」としているが、ポイントは「内部統制システムの構築・運用を確認する方法の妥当性・有効性」である。ここで問題とされるべきことは、社外取締役が実施すべき基準としての「通常（最低限）実施すべき内部統制システムの確認基準」が確立もしくは用意されていないことにある。さらに検討しておかなければならないことは、社外取締役が、通常月1回開催される定例取締役会に出席して、議題の審議に参加していれば良いということではないことを十分理解しておく必要がある。「事実（真実）は現場にある」ということで、現場検証（往査）のほか、現業部門の責任者や関係者とのディスカッションを定期的（海外子会社を含め事業所が多い場合、数年に一度程度しか往査できないことがある。）に行って、内部統制システムが有効に構築され、効果的に運用されている事実を確かめること、すなわち内部統制運用の有効性の評価が必要である。

いずれにしても「社外取締役の役割・機能」については、社外取締役会を設置するなどして機能が発揮できる仕組みを作り、有効性のある行動がとれるようにしていくべきである。本件については「社外取締役自身の意思と行動」が当然求められていることではあるが、大きな要因としては、企業側がどのように対応していくかという経営者の経営方針に依存していることになる。また、たとえ仕組みを作ったところで、あくまでも内部の問題であって、株主を含む利害関係者からは社外取締役が効果的に機能しているかについて知り得ることではないので、何らかの形で、たとえば株主総会招集通知に記載される事業報告の一部として記載するなど、社外に向けた公表などいくつかの方法があるものと考えている。

監査法人の品質管理

会計監査人の場合には、以下の判決に見られるように、そのよるべき基準が用意されている。平成19年11月28日の東京地裁判決（民事第5部）「損害賠償請求事件」（要旨）では、判旨として「会計監査人として通常要求される程度の注意義務を尽くしたということができるとして、損害賠償責任を負わない」とされた事例がある。その理由は「会計監査人が企業会計審議会の定めた『監査実施基準』に準拠した監査手続を実施し、その過程において、会計監査人として通常要求される程度の注意義務を尽くした場合には、決算書類に虚偽記載があることを発見するに至らなかったとしても、当該会計監査人は、その職務を行うについて注意を怠らなかったということができる。」とされたことにある。この事案は、いわゆるディスカウントストア（小売業）を営む会社の社長らが粉飾を行って作成した計算書類に基づいて融資を行った原告らが、関係した取締役らとともに、適正意見を表明（監査報告書を作成）した会計監査人に対して損害賠償請求をした事案である。

監査法人にも内部統制システムは構築されており、効果ある運用が求められている。会計事務所内の監査業務に関連する統制機能の中でとくに重要なものとしては、日本公認会計士協会が定めている、①監査事務所における品質管理（品質管理基準委員会報告書第1号）、②監査業務における品質管理（監査基準委員会報告書220）および③監査調書（監査基準委員会報告書230）などがある。そして監査法人は、これらの規定を順守するための組織を作り、充足するため諸種の職務を遂行している。たとえば「監査事務所における品質管理」の中の「審査」では、「監査事務所は、原則として、全ての監査業務について監査チームが行った監査手続、監査上の重要な判断及び監査意見を客観的に評価するために、審査に関する方針及び手続を定めなければならない。」と定めている。規定を設けていればよいというものではなく、有効に運用していることが重要なことである。とくに大手の監査法人は、定期的に日本公認会計士協会の所轄担当部門（自主規制・業務本部）から業務について検査を受けており、その中には「規定の存在と運用」も含まれている。なお監査法人自身、定期的（四半期ごと）に監査意見等を作成し提出する場合、事前に審査を受けてから被監査会社に提出している。監査意見等は、あくまでも監査関与者各個人の意見表明であったとしても、監査法人の名前を冠しているので、監査法人として監査証明を行っているからである。

しかし東芝問題においては、監査法人としての組織的運用に欠陥があったことが指摘されている。平成27年12月15日、金融庁の下部組織に相当する「公認会計士・監査審査会」は「新日本有限責任監査法人に対する検査結果に基づく勧告について」をまとめ、金融庁長官に対して「公認会計士法第41条の2の規定に基づき、当該監査法人に対して行政処分その他の措置を講ずるよう勧告した。」との報告書を作成している。

この勧告書では、「①品質管理本部及び各事業部等においては、原因分析を踏まえた改善策の周知徹底を図っていないこと、②改善状況の適切性や実効性を検証する態勢を構築していないこと、③そのため社員及び監査補助者のうちには、監査で果たすべき責任や役割を十分に自覚せず、審査会検査等で指摘された事項を改善できていない者がいる」と指摘した上で「④経営に関与する社員はこうした状況を十分に認識しておらず、審査会検査等の指摘事項に対する改善策を組織全体に徹底できていない」と核心的な問題点を指摘している。

個別監査業務においては、「⑤業務執行社員がリスクの識別、リスク対応手続の策定等にあたり、職業的懐疑心を十分に保持・発揮しておらず、また、実施した監査手続から得られた監査証拠の十分性及び適切性について検討する姿勢が不足している。このためこれまで審査会検査等で繰り返し指摘されてきた監査手続の重要な不備が依然として認められる。さらに問題視されるべきこととしては、⑥監査業務に係る審査においては、審査担当社員が、監査チームから提出された審査資料に基づき審査を実施するのみで、監査チームが行った重要な判断を客観的に評価していないことなどを含め、当監査法人の審査態勢は、監査チームが行った監査上の重要な判断を客観的に評価できておらず十分に機能していない。そのために、審査態勢は十分に機能していない。」という厳しい判断が下された。

このような事態にいたった背景には、日本的風土というか、歴史的発展過程の「悪しき慣習（縦割り社会）の隣人への不可侵慣行」があったものと理解される。わたしはそのあたりの事情を「理念的問題と現実的課題」として、拙著『会計不正と監査人の監査責任』の中で以下のように解説している。[6]

昭和40年の公認会計士法の改正で「監査法人の設置」が認められた。東京オリンピックのための公共事業およびその関連事業の需要景気が一段落し日本経済は不況に陥り、幾つもの大会社が経営破綻を起こした。この一連の事件で十数人の公認会計士が処罰を受け、処罰を受けた公認会計士との間で、監査契約の解除が行われた。監査契約は、公認会計士（個人会計事務所）の生活の基盤であったから、その解除は生計の維持に脅威を与えることから、不適切な会計を認めてしまう脅威が存在した。監査法人であれば、ひとつの監査契約の解除があったとしても、法人全体の収入に大きな影響を与えることはないから、その脅威を取り除くことができるという考えから、法律が改正された。現実はその趣旨が生かされるような法人運営はされてこなかった。監査グループの「経営自治権」は温存されてきたのである。

監査法人といえども、基本的に「個人事務所の集合体」であった。大手の監査法人は、監査法人同士の合併のほか、地方の会計事務所の取り込みに力を入れてきたため、各々の事業母体（監査グループ）の自治権（監査報酬配分権）を認めてきた。そのような経営環境から、いずれかの監査グループにおける監査契約の解除は、当該監査グループの監査収入内の減収に直結し、個人の生活に影響を与える構図に大きな変化はなかった。カネボウ、ナナボシや大王製紙など、多くの不正会計事件が、このような制度の下に発生した、もしくは阻止できなかったものと考えられる。（注：一部加筆補正）

上記のような「歴史的悪弊」は、バブル経済崩壊後の監査法人改革の中で人心改革（有力者の引退等）が行われ、財政の一本化を含め「改善された」とされてきたところであるが、それでも陰に陽に根深く残されてきていたようである。いずれにしても金融庁は東芝問題をきっかけとして、平成27年9月17日、「監査法人に立ち入り検査する回数を増やす計画」を打ち出し、18日に公表する平成27年度の「金融行政方針」に織り込むと発表した。そして日本公認会計士協会は、平成28年1月13日、会員の会計士に対し「経営者が不正に加担するリスクを念頭においた厳格な監査」を実施するよう要請することにしたと発表した。そこでは「会計士が経営者の説明を批判的な観点で検証する『職業的懐疑心』を十分に発揮するように要請する。また、監査を担当するチーム内で情報を共有したり連携を強化したりして、各会計士が本来の役割を果たすことも重ねて求める。」という内容になっている。その結果、健全な監査を行っている会計士がさらに一層「監査の厳格化」を行うことになり、マニュアル監査重視化が進むことになるというデメリットが発生している。

中央青山監査法人は、相次いで不正会計事件を行っていた会社の会計監査を受託していたことが、最終的には「解散処分」となったとされている。しかし、この措置は多くの企業に大きな影響を与えた。健全な企業が新しい監査法人との監査契約を行わなければならないことから、諸々の手続が必要になった。新しい監査法人との契約の前に、株主総会の承認を得なければならないなど、煩雑な手続が必要とされたからである。その際には、新しい監査法人との契約が受けられないという「監査難民」の問題も浮上してきた。なぜ健全な企業にこのような負担を強いる必要があるのかという反省が生まれた。そのようなことを背景に、不正会計見逃しなど会計監査事故があった場合、監査法人を解散に追い詰めていくのではなく「罰金を科するという制度」を新設した。また、無限責任社員で構成されている監査法人について、すべての社員が無限責任社員であるという規定は過大な責任を負わせているということから「有限責任監査法人制度」が新設された。この制度によって、当該会社の監査担当者でない非監査関与社員は「出資額を限度とする有限責任社員制度」を導入したのである。なお新設された罰金制度については、たとえば東芝事件においては2年間の監査報酬相当額とされた。

新しい独立社外取締役に期待される役割

社外取締役の役割は、従来の「企業統治の遵守性の監視・監督」から、最近では「収益力向上のための助言・監督」へと移行しているようである。前者の役割は依然として重要な職務であるが、そこにとどまるだけでは「役不足」であって、より進んで企業の近未来の方向性に手を貸していく役割が重視されてきたということにある。しかし、社外取締役はあくまでも「業務非執行役員」であるから利益責任を負うわけではないが、上記の職務を行わなかったために、企業の不正行為を抑止できなかった場合、これまでの時代と違って、今後は「不作為の責任」が問われてくるものと思われる。その理由は、これまで何度も一般的な不正行為ならびに不正会計が発生するたびに、法令や諸種の規則等が改正され、もしくは制定されてきたにもかかわらず、不正会計等が断たれることなく続発していることから見て、「相当程度の報酬を得ている社外取締役も責任問題が問われて当然である。」と考える人たちが増えてきているからである。

いくつか存在している日本の風土（社会的・企業的風土）も、グローバル経済社会の出現（身近になった国際社会）により改変が求められている。一番身近なところでは教育であり、日本語しか通じない日本人は、これから日本民族を中心とした考え方（日本的思考と行動など）や話し方（歯切れの悪い言い回しなど）しかできないと、世界から取り残されていくことになる。日本人全体として国際化していかなければならない時期に、多くの日本人が取り残されていくようだと、日本全体が取り残されていくことにもなる。それは言葉だけの問題ではない。前田勝之助は、日経の『私の履歴書』の中で「日本の多くの企業が年功序列型人事をやめ、業績評価に基づく人事制度を採用しているが、何を評価軸にするかが問題だ」とした上で、まず「人事評価に個人的な感情が紛れ込むのはご法度。自分の仕事さえこなしていればいいという姿勢では、変化する環境と業務に追い付けない。」（23・10・29）という。自分の仕事を十分にこなすことさえできていない人たちがいることも事実である。欧米人の気質との間における大きな特徴のひとつが「評価制度」である。大学事業にアメリカ流の評価制度を導入したが、現実としては実施しているという形式要件に終わっている。学生による教員の評価もひとつの評価制度であるが、その基準の公平性、平等性などの比較検証と事後検証（改善評価）が行われていない。学生による「教員（教育内容）評価」も、各教員におけるその後の教育のあり方に生かされていないのが実情のようである。また、官の世界に眼を転じると、平成13年6月に「行政機関が行う行政の評価に関する法律」が制定され、実施されているが、私の知り得る範囲の情報ではあるが、中心が自己評価であり、だいたい評価点数は「1＋α」である。その一方で、会計検査院の検査で多くのムリ，ムダ、ムチャな支出が指摘されているように、自己評価には限界がある。同法第3条（政策評価の在り方）では「政策効果は、政策の特性に応じた合理的な手法を用い、できる限り定量的に把握すること」とされている。しかし、実践は難しいのが現実である。

企業の「稼ぐ力」を高めていくためには、「人財の育成と公正な評価並びに処遇」が重要な就労要因である。給与（年収）に関する従来の認識を変えていかなければならない時期にきている。日経は「日本企業の管理職の年収が海外に比べて『割安』になってきた」ことから、日本企業が海外に進出していく場合に留意しておくべきことは「事業のグローバル化で日本企業の外国人採用は増えるとみられるものの、管理職の賃金水準の低さは優秀な人材確保への障害になりかねない」（26・2・28）と指摘している点にひとつのポイントがある。まず賃金水準もさることながら、海外の現地法人における外国人の管理職、それも上級管理職への登用が進んでいないのが大きな問題とされている。そのため、優秀な人材が流出していくことにもなっている。ただし、経営支援の形ではないM＆Aなどによって系列化したような場合には、従前の職位と報酬を一応保証しているようである。ここにも統合と意思疎通の困難さが内在している。企業の成長のためには、それをどのように合理的かつ有効的に融和させていけるかが問われている。

アメリカのCEOの中には、年収ベースで50億円以上の報酬を得ている経営者が100人以上いるという。経営者に経営意欲（インセンティブ）をかきたてる仕組みができている。日本企業のROE等の経営指標が低い原因のひとつとして「日本の経営者報酬には、企業価値を高めるために積極的にリスクをとっていこうという動機づけ（インセンティブ）が足りないのではないか」という疑問符が付けられている。「売上高1兆円以上の米企業のCEOは平均して総額11億5、000万円の報酬を受け取った。日本企業は1億3、000万円」（27・2・8）にとどまっている。

その背景として「日本は業績によらず、固定で支払われる基本報酬が全体の6割を占めた。米国は基本報酬が全体の1割」(27・11・12)に過ぎない。このような報酬の支払形態の良否は、絶対的(万能)なものではない。これまでのアメリカにおける不正会計の温床に、この業績連動型報酬制度が大きく関わってきた事例がある。インセンティブを与えることも重要であるが、過度なインセンティブは有用な経営運営を誤らせることに深くつながっているといえるからである。業績連動型報酬制度の主要な割合を占めているのが、株式予約権付き報酬である。そのことから、短期的な利益の上昇もしくは株価の上昇を狙った経営の舵取りをする誘惑が根深く横たわっている。不正会計も無縁ではない。

この報酬支払額の影響が、日本企業の海外進出にひとつの障壁となってきている。それは企業活動が国際化し、世界が身近になったことの証でもある。とくに東南アジアの変化が著しい。たとえば、外資系企業の進出が相次ぐ東南アジアで管理職や経営幹部を担う現地の幹部人材の報酬が、日本人幹部を超える例が出てきた。インドネシアの日系企業では管理職の賃金が5年で7割上昇するなど企業負担が増すような現象が現れている。したがって、このような社会的・経済的環境の変化を受け入れて、企業経営の舵取りをしていかなければならない。そのためには規模の拡大を求めるのではなくて、それも必要なことではあるにしても、より一層「付加価値の高い製品の開発と提供」を行っていかなければ、置いてきぼりにされてしまうことを意味している。また人件費の高騰は、東南アジアの優秀な子弟は、欧米を中心に留学し、そこで就職して、社会経験を積んでいることから、報酬の相場を知っていることもあり、また欧米の企業に就職して、東南アジアの現地法人や事業所に赴任してくることもある。そのような社会的環境の変動もしくは国際化の影響がある。その結果として「東南アジアで根付く欧米流の成果報酬型賃金も報酬額を押し上げる要因」になっている。

平成25年までの過去10年間の自己資本利益率（ＲＯＥ）の平均を見ると、日本企業は約7％。アメリカ（約15％）、ブラジル（約12％）など主要国を下回る「最貧国」に位置している。原因は収益性の低さにある。売上高純利益率が約4％なのに対し、アメリカ（11％）や欧州（9％）はその倍以上あることから考えると、日本企業の「支払賃金上昇能力が低い」ことを示していることになる。企業に稼ぐ力（高い収益力）がなければ、国民の消費購買力（国民総所得）を高める力も弱くなる。その結果は日本経済の浮揚力の弱さを意味し、日本企業（供給側）と国民所得（需要側）の需給格差の縮小には機能せず、日銀が求めるインフレ率2％の達成は無理である。そのような経済環境下において、日経によれば、日立製作所は「平成27年3月期に9％前後にとどまるＲＯＥを、平成28年3月期に12％程度に高める」ことを明らかにした。日立は「初めてＲＯＥを重視すべき指標に採用する」（27・3・27）ことにした。優良企業として評判の高い企業でも、意外とＲＯＥは低いのが現実である。小野薬品の平成27年3月期のＲＯＥは2・9％、京セラは5・6％で、同業他社よりも低い数値となっている。

坂根正弘は日経の『私の履歴書』の中で、これまで使っていたコマツの会計システムをやめて、アメリカの合弁会社だったドレッサー社が採用していたSAP社の基幹システム（会計ソフト）を採用（アメリカ国内の会計システムの一本化）することにしたとし、この経験から「独自システムの固執はグローバル化の妨げ」になると主張している。現実に日本のメガ・バンクの経営統合の時には、システムの良し悪しではなく、メンツが表面化して、お互いが使用しているシステムの固執に力を注いだことから、不要な経済的犠牲を強いられることになったことなど不毛な戦いが行われていることがある。また坂根正弘は、担当していた合弁会社の取締役会においては「当時日本では誰も意識していなかった株主資本利益率（ROE）についても、しばしば議論の対象になった」とし、「米国の競合会社と比べるとコマツの利益率は慢性的に低かった。」（26・11・23、25）と過去の印象を語っている。

平成27年11月30日、一般社団法人価値創造フォーラム21によるオープン・フォーラムが、設立18周年記念事業として「エグゼクティブCHO協議会」のクロージング・セミナーを兼ねて開催された。ここでは企業の成長力「稼ぐ力（高い収益力）」を問う「企業価値の向上」について討議している。菰田《こもだ》正信三井不動産社長は「価値創造」について、①「理念」、②「戦略」、③「実行」の３つの柱を立てて時代のニーズに合わせて進化させていく必要があると語っている。また大八木成男帝人会長は、協議会メンバー企業8社の取り組みについて紹介している。それは①イオンの「顧客第一の視点」、②中外製薬の「ロシュ・グループ内での人材交流」、③千代田化工建設の「外国人との協働」、④帝人の「外部機関による人材評価」、⑤富士ゼロックスの「海外経験者をグローバル人材としての育成」、⑥三井物産の「コミュニケーション活性化のための人材育成」、⑦三井不動産の「経年優化させるためのジョブローテーションの実施」、⑧三越伊勢丹ホールディングスの「個を重視した次世代人財育成」である。なお、これらの企業に見られる「共通の狙い」は5つあるとして、①「企業理念や価値の共有」、②「女性や外国人など、多様性導入の取り組み」、③「グローバルチェンジリーダーの育成」、④「顧客指向定着のための教育」、⑤「しなやかな人材が育つ環境の整備」を挙げている(28・1・18)。ここで問題とされている最も重要な基幹的共通基盤は、「人財(人材)の育成」である。それは近未来の日本企業(日本経済)を担う人々(若年世代)への期待でもある。これは世界に共通するテーマでもある。

なお『価値創造21(2009)』では、「理事長ごあいさつ」として理事長の長島徹帝人会長(当時)が「新たな価値創造を目指す企業活動のあり方」に関連して、新たに「価値創造リーダー育成塾」を発足させ、「次世代の価値創造リーダーの育成」を図ることとし、「産業界や学会における様々な価値創造プロセスやシステムの進化を促し、持続的な日本経済の再生・発展」[7]に寄与したいと抱負を語っている。日経は「有能な人材を持つ力を国ごとに評価した2015～16年版の『世界人材競争力指数』で、日本は調査対象109ヵ国のうち19位だった。」とし、その上で、人材を生み出す力では「競争の厳しさ」や「技術の活用」の分野では世界1位と高い評価を受けていると報じている。全体評価では1位がスイスで、その後にシンガポール、ルクセンブルグ、アメリカと続いている（28・1・20）。

ただし問題もある。とくに戦後の経済復興を支えてきた中小企業が、近年、総体としては従前の力量を発揮しきれない環境に置かれていることにある。その尺度として、ひとついえることは、中小企業全体の賃金総額（所得購買力）が、大企業に比較して伸びていないことに見られる。とくに投資余力が小さいことや、後継者難（人材不足）などの関係で発展・成長が阻まれていることなど解消しがたい状況に置かれている。

収益力向上に向けた独立社外取締役の対話力

香港が拠点の投資家団体アジア企業統治協会（ACGA）と投資銀行CLSAは、平成26年9月25日、2014年（平成26年）のコーポレートガバナンス（企業統治）のランキングを発表した。「国・地域別では香港とシンガポールが首位で、日本は3位である。香港はインサイダー取引の摘発強化が支持されたことによるものであり、「一方、韓国は財閥企業が情報公開に消極的などとして評価を下げた」（26・9・26）ことから8位となった。日本の多くの企業が必ずしも情報公開に積極的だとは思われないが、韓国の場合、国内産業に占める財閥企業の比重が大きいことから、情報公開に対する企業の経営姿勢は重たくなる。情報公開に対する企業の経営姿勢については、社外取締役（会）の関与・発言がこれからより一層強く求められてくるものと思われる。独立社外取締役の平均活動時間は15時間で、平均年俸は1，000万円とされている。そして今後の役割の方向性としては、これまでは「リスク回避や不正防止といった守りの側面が強かった社外取締役は、にわかに企業価値向上など攻めの役割を期待されるようになった。」（27・4・10）として、独立社外取締役の職務の重要性が高まっていることを報じている。

ただし、ここにも問題がある。それは、基本的に経営者の経営方針（経営哲学）に大きく依存しているからである。独立社外取締役の就任に対しては「いい人がいない」として、就任に消極的な経営者が比較的多くいるということにある。またコードに、しぶしぶ従う経営者はほとんど発言しない人を選び、取締役会での議論に必要な情報も満足に提供しないだろうと危惧されている。川村隆元日立製作所会長は「日立の復活に企業統治改革は寄与したのか」という問いに対して「したと思う」と答え、その理由として「内部の人間だけでは変えられることに限界がある。」（26・12・8）と結んでいる。重要なことは「社外取締役の起用は手段であって目的ではない。」ことをよく理解しておく必要がある。したがって、複数の社外取締役を就任させたところで、その活用方法を誤れば意味のない制度になってしまう。そのため社外取締役が能力を発揮するには綿密な情報提供も欠かせないということである。

会社法の改正で導入された「監査等委員会設置会社」へ移行（意思表示を含む）した企業は、平成26年4月現在で80社超、平成27年8月現在では200社超となっている。移行する企業が増加している理由として、日経は「社外人材の登用が少なくて済むため、人材難に悩む企業側の事情も導入を後押ししている」とその背景を記述しているが、問題点もあり「社外役員を確保する手間や費用を減らすためだけに移行する企業が増えれば企業統治の質がかえって低下する恐れがある。」（26・4・17）と企業統治の視点から見た場合のリスクを指摘している。監査等委員会設置会社へ移行する場合、株主総会での説明を必要とするが、多くの場合「建前論」による説明に終始するだろうと思われる。いずれにしても、監査役会設置会社と違って社外監査役を置く必要がないことから、社外役員の員数が少なくて済むという経済的かつ情報開示の矮小化が、その主要な理由であると思われる。それでは企業統治の充実化（品質の向上）の視点から見ると後退していくことになる。その表れとして見られる現象が「不要になる社外監査役がそのまま社外取締役に横滑りするケースが目立っている」からである。

三菱UFJフィナンシャル・グループは、平成27年2月26日、「持ち株会社の機能を強化する。第一弾として、人事、監査など重要な経営判断で社外取締役の意見を強く反映する委員会設置会社（指名委員会等設置会社）に（平成27年）6月に移行し、持ち株会社の社外取締役の権限を強化する」と発表している。まず「取締役の社外比率を1／3以上にする」ことにし、ルールとして明文化するということであるが、その背景としては「銀行の国内業務以外の収益がグループ収益の半分近くを占めるようになった」（27・2・27）という事情があり、国際化への対応が求められているということにある。国際社会での事業強化としては、組織・制度のグローバル化も当然に必要とされる事項（政策的判断）である。

東証が上場企業に企業統治指針（コーポレートガバナンス・コード）を適用して半年が経過した。「企業統治報告書」を公表した1、800社を調査した結果、指針の全項目を順守するとした企業は1割強で、主要企業に限ると3割になる。予算や人材が豊富な大企業ほど、指針を順守する傾向が高くなっているということであるが、大企業ほど「面子」があり、利害関係者の信頼性を保持するためにも努力していることの表れであると理解される。なお「不実施項目事項」の第一番は「取締役会評価」であった。1、200社近くの企業が実施していない（28・1・16）ということであるが、実態はできるような体制づくりをしていないという現実があると思われる。

この取締役会評価は「自己評価」になる。とくに日本人は「自己評価」に弱い体質を持つ民族である。会議等における自己表現も消極的であるし、自己アピールが下手な国民であることから「社内取締役が自己を監視するのは困難」であるとみられている。企業統治上、大きな問題がない企業が求められているガバナンス改革の次の施策は、ＴＤＫの場合は「取締役会評価（ボード・エバリューション）」だった。その改革の方向性は、中長期の経営課題の議論にもっと時間をかける必要があると指摘されていたことによる。本件については、この分野で先行したイギリスは、現在では主要企業３５０社の９割以上が取締役会評価を実施しているという対外比較からの改革要請があった。独立社外取締役が有効に機能するためには、任意の機関でよいから「独立社外取締役会」を作り、お互いに議論し、企業との間で十分な対話を行えるようにすべきである。そのためには、まず企業側がそのような仕組みを作ることが大切である。

註

（1）守屋俊晴　前掲『監査人監査論』

本書では、大王製紙の第三者委員会の調査報告書は、大王製紙の「内部統制については（中略）不備の根本原因の解明や改善に向けた取り組みは不十分であった。」と指摘している。その上で、大王製紙の

「内部通報の制度」について、以下のように言及している。

「大王製紙では内部通報の制度を『企業倫理ホットライン』の名称で運用していた。運用フローでは法務・広報課長が開封権限をもつメールアドレスに通報が寄せられる運用となっているが、最終的には社長に通報内容を報告することになっている。しかし、経営トップの不祥事について、現場の従業員が情報を入手しても、社内の最終報告者が元会長であるため、通報する動機が働き得なかった。」

（319頁）

（2）飯田信夫『週刊経営財務』「Big4パートナー租税回避容疑で逮捕、FASBの事業定義を明瞭化、その他」27・12・7号、No.3239、13頁。

飯田はここで「会計士に腐敗が広がっている」と題して、以下のことを記述している。

「アイルランドの公認会計士（筆者注：この前提部分の記載事項を省略している）に見られるように、会計専門職業界では、会計・監査を通して社会に貢献するという高慢な精神をかざしても、その実は『金儲け』に走る者が後を絶たない、との指摘もある。租税回避や手抜き監査等々、いくら倫理を叫んでも、実態はどうなのだろうか、との疑問もでよう。（中略）世界1、696人を調査した。そのうち、英国の400人が含まれており、48％がマネジャーまたはパートナーが修正すべき財務諸表について、無視するように圧力を受けていると回答している。」

日本経済新聞、27・10・22。

弁護士や医師などの職業専門家いわゆる「士業」の世界において、多く（相対的表現）の不正行為が行われていることが、時々、報道されている。たとえば東京地検特捜部が国税OBの元税理士ら4人を法人税法違反（脱税）で逮捕している。その理由は「顧問先の企業に脱税を指南した。」というものであり、本件では「法人税約3億4、500万円を免れた疑い」で逮捕された。少額な事件は報道されないので、報道される事件は氷山の一角なのかもしれない。

（3）『週刊経営財務』「経済ニュース」27・11・2号、No.3234、4頁。
（4）守屋俊晴『租税法の基礎』2011年7月、東洋出版、357〜361頁。
（5）日本経済新聞・『社説』「企業統治の改革を進め収益力強化を」28・1・8。社説は「株主が企業活動を監督する仕組みを企業統治（コーポレートガバナンス）という。」とした上で「企業が資本をどの程度、効率的に使っているかを示す自己資本利益率（ROE）は、株主の企業統治が機能しているかどうかを測る指標とされる。残念ながら、日本企業のROEは8%と10%台の米欧よりも低い。日本企業の資本効率の低さは、国際競争力の弱さと表裏の関係にある。」と説明している。しかしあくまでもROEは「経営効率指標のひとつである」ことを理解しておく必要がある。
（6）守屋俊晴、前掲『会計不正と監査人の監査責任』65〜66頁。
（7）『価値創造21（2009）』2009・3、価値創造フォーラム21。

第3章　第三者委員会の職務と役割認識

水清き過ぎて「魚」すまず、汚泥の中に「華麗なる花」咲かす蓮がある。ひとの心に「清心」ありとて、絶え間なく変化する社会環境の中にあって、その持続的維持は「堅固な意思」宿らずして叶わぬものと知る。「歴史は、侵略の歴史である。つまり、人間の悪業の歴史でもある。」（塩野七生「ローマ人の物語」）

1　第三者委員会

弁護士主導体制の意義

日本弁護士連合会編による『「企業等不祥事における第三者委員会ガイドライン」の解説』（以下「解説書」という。）がある。(1) 解説書は「究極の組織の危機管理（クライシスマネジメント）の方法として当該組織から独立した弁護士・公認会計士・有識者など公正中立が期待される外部の第三者による第三者委員会が設置されることになる。」と説明しているが、「組織の危機管理として第三者委員会が設置される」（事前措置）と読むならば、予防処置として第三者委員会が設置されるとなる。上記の表現からはそのように理解される。しかし、現実はそれとは異なるところにある。それは第三者委員会の職務として「第三者委員会という企業から独立した存在が徹底した事実調査と原因究明を行い、その責任の所在を明らかにする。」ことにあるとするならば、事件が発生した後の職務（事後処置）となるからである。

なお現実的な憂いとしては「危機状態に陥った企業が表面的な信頼回復を求めて著名人や社会的地位のある人物を集め形式的に第三者委員会を僭称（著者注：「身分以上の称号を勝手に唱えること。」）する組織を立ち上げると発表しながら、その第三者委員会は経営陣の傀儡に過ぎないこともある。」という事実である。このようなことは決して珍しいことではない。とくに中小規模の上場会社が経営危機に陥って不正会計もしくはその疑いがある現象が発生した場合、間に合わせ的に第三者委員会を設置して、当面の批判の目を避けるということがある。その背景には、当該企業の経営責任者の指示（依頼）によって第三者委員会の構成メンバーが選任されることと報酬が当該企業の経営責任者によって支払われているという事情（ある意味での「利益相反の関係」）があるからである。

解説書は、責任の所在を調査していけば経営者自身の責任ということもあり得るので、「第三者委員会と経営陣との間には潜在的な対立関係が存在すると言わざるを得ない。」と説明しているが、従業員の不正（財産隠匿、不正流用など）の場合を除いて、企業不祥事は経営責任者が関与しているケースが多いところから、結果として依頼者である経営責任者の責任追及という形をとることになってくるからである。その前に、第三者委員会の職務と従来型の弁護士の業務との乖離が生じているという境遇の変化がある。解説書はその事情について「意図はなくとも従来型の弁護士の役割とは依頼者の個別利益を守るものであり、それこそ弁護士倫理にかなうものであるという考え方さえも存在した。」ということであり、基本的に弁護士は「依頼者の個別利益を守る」ことが求められていた。実際、弁護士が裁判において、自分が弁護する被告人に不利な証言（弁護）をした者があり、裁判官にたしなめられた（発言に対する注意）という事例がある。たとえそれが事実であっても、弁護する被告人に不利となる発言をしてはならないというのが、弁護士の職業倫理の範疇に入っている。さらに続けて「そこでは弁護士の活動は『依頼者のために』が大原則となっており、依頼者への忠実義務が弁護士倫理の原点であることに疑いの余地はなかった。[2]」というこれまでの弁護士業務の本質を説明している。

第三者委員会の構成委員としての弁護士の職務は、これまでの弁護士業務とは異なる職業倫理が求められている。委員会の調査報酬を支払うのが経営責任者であるから利益相反の壁を越えて、第三者委員会自体が経営者や組織トップの代理人となったのでは、とくに株主等の利害関係人にとっては、当該組織の自浄作用とは受け止められないからである。現実的な対応としては、幾つかの事例では、当該責任が問われている経営責任者ではなく、後任の経営責任者が調査報酬の支払者となっていることが多いことから、そのような場合には、部分的ではあるが「利益相反の関係」は解消されていることになる。そして第三者委員会の調査結果を踏まえて、前任の経営責任者の責任を追及することになる。したがって報酬を支払うのが当該企業であったとしても、その効果（成果）を受ける者が誰であるかを考えた場合、異なる見方が生まれる。解説書は「真の依頼者とは直接的なステークホルダーを超えて投資家、証券取引所、監督官庁にも及ぶのである。その結果、第三者委員会は社会全体、マーケットメカニズムそのものを依頼者と考えなければならなくなる。(3)」として、一般的には株主と考えられているが、従業員や取引先などを含むステークホルダーであるとしても、「真の依頼者はこれよりも広い範囲の関係者を含む」ところにあると主張している。

また解説書は「第三者委員会とは任意の組織で、そもそも設置に法的な根拠もない」とした上で「いかなる対象組織といえども、弁護士が全く関与しない第三者委員会を想定すること自体不可能である。(4)」と言い切っている。要するに弁護士を委員長とする第三者委員会は「万能である」と言いたいようである。多くの不正行為は結果として訴訟に持ち込まれることになるとしても、初めから訴訟を前提とした不正行為の調査があるとは思えない。法律の問題よりも、当該業務に携わる職業専門家の職務従事（職業専門家による専門的判断）が必要であると考える。また最近の医療行為における訴訟においても、医療行為が訴訟に耐え得るものかの基礎的判断は、医師の仕事（医療ミスの可否判断）であると考えている。

最近、多く発生している不正会計事案においても、最終的には訴訟に結びつく事案であったとしても、その前提となる「不正会計に相当するのかの判断」は会計専門家の仕事である。問題とされる会計行為（会計処理）について「公正ナル会計慣行」に違反していないかその可否を判断するのは公認会計士の職務と考えている。(5) しかしほとんどの不正会計事案に関する第三者委員会（委員長）は弁護士であって、公認会計士ではない。第三者委員会の構成員に公認会計士が入っているとしても、主役を任じることはない。しかもほとんどの第三者委員会の調査方法は「聞き取り調査」が主体となっていることから、必ずしも「調査の必要要件と十分要件」を充たしているとは考えられない。その判断の基は、証憑の真贋の調査や最近とくに多くなった「会計数値の見積り計算値」の再計算など、どのような結果に至ったかの経緯が、調査報告書にあまり見受けられないことに現れている。

解説書は「委員の適格性」として「第三者の委員となる弁護士は、当該事案に関連する法令の素養があり、内部統制、コンプライアンス、ガバナンス等、企業組織論に精通した者でなければならない」としているが、このガイドラインに規制力はなく、あくまでもガイドラインであるから、指針を示しているにすぎないものと考えるべきである。委員の適格性を担保する手立てを講じているわけでもないと思慮していることから考えると「企業組織論に精通した者」以外の者の選任を妨げることはできないということである。このようなことは、地方自治法の第13章に「外部監査契約に基づく監査」が創設されて、外部監査人の適格要件として公認会計士、弁護士、実務精通者および税理士が挙げられた。その際、立法関係者の説明では「公会計の精通者」という資格要件が求められていた。前者が「必要要件（形式要件）」であり、後者が「十分要件（実質要件）」であったところ、現実としては必要要件のみで実務は進行していったという現実がある。

平成27年11月23日の日経が「『第三者委』信頼揺らぐ」と題して「第三者委員会報告書」の意義・あり方に問題を提起している。まず「東芝の不適切会計を巡っても2つの委員会が設置されたが、報告書の内容には中立性の観点から批判も多い」ことから、第三者委員会の「功罪」と「改善策」を検証することにしたという。この新聞記事を読んだ時、第三者委員会の1つ目の報告書を呼んだある弁護士（元判事）は、「経営陣が刑事訴訟の訴追を受けることにならないように大変気を配って書いている」と評していたことを思い出した。

日経は「企業が不正発覚後に設ける第三者委員会は、海外では珍しい日本独特の存在だ」とした上で「第三者委の『原型』は巨額の「損失飛ばし」で破綻した山一証券が1998年、（中略）同委は旧経営陣10人と監査法人の責任を認めたが、会社側の反対で報告書の公表は見送られた。」と第三者委員会に対する強い圧力のあったことを報じている。そのようなことから「調査を依頼する会社（現経営陣）側と第三者委側の『なれ合い』を指摘する声が当初から絶えない」という裏の事情を明らかにしている。とくに重要な要点とわたしが考えている事項としては、①重要な問題なのに、経営者が暴いてほしくない点に触れないのでは、独立性のない疑似第三者委員会になること、そして②多くの報告書は委員の選定過程が明らかでないこと、③委員会の調査報酬を開示していないことおよび④調査に関係した人たちの執務時間等を開示していないことなど「第三者委員会自体の独立性、透明性、妥当性などに関連した情報の説明責任を果たしていない。」ことなどいくつかの改善すべき事項がある。委員は自らの独立性を説明する責任がある。

東芝に関連した事項としては、日経は「東芝が9日に公表した役員責任調査委員会の報告書は、損害賠償請求の対象を歴代社長ら計5人に限定した」ことから、幾人かの識者の批判として「中身に説得力がない」ことや「資本市場に説明責任を果たしていない」などの批判のほか「多くの識者が疑問視するのが、14人を不適切会計の関与者と認定しながら、9人を訴追から外した判断だ」と批判的に記述している。役員責任調査委員会の報告書では、不適切会計とした事項の各々について、各人の責任を問うているが、それらを総合した上での責任（まとめに相当するもの「最終的判断」）を明らかにしていないことにも問題がある。

第三者委員会報告書―事例検証

オリンパスにおける会計不正に関連した第三者委員会は3つあり、報告書提出日は、第三者委員会（2011年12月6日）、監査役等責任調査委員会（2012年1月16日）および監査役等責任調査委員会（同年1月20日）である。第三者委員会の構成委員は、委員長の弁護士のほか4人の弁護士と1人の公認会計士から構成されている。ほかに補助者がいる。監査役等責任調査委員会における委員の中心も弁護士である。

拙著『監査人監査論』の補論に相当する部分（第5部）において、「最近の会計不正」のテーマで「オリンパスの会計不正事件」と「大王製紙の会計不正事件」を比較的詳細に論稿しているので、関心のある方はそれを参照してもらいたい。ここでは、そこで記載した部分の要点と追加した私見を示しておくことにする。(6)

「オリンパスは、平成23年10月14日の取締役会において、かねてオリンパスの取引の不透明性を指摘していたMichael Christopher Woodford（以下「ウッドフォード」という。）を代表取締役・社長執行役員から解職した。この解職をきっかけとして、オリンパスの不正会計が世間に発覚した。それというのも、この不正会計を察知したウッドフォードが不審を抱き、取締役会において質問を繰り返した結果、解職されたという裏事情があった。

企業秘密を抱く経営責任者が煙たがったのである。この事件の発覚は、旧経営陣の甘さにあった。これまで隠してきた不正行為が「隠しおおせた」として、新社長に外国人を採用したのであろうが、外国の経営者は日本のような集団責任体制（共同歩調）を取らない。あくまでも自己の責任であり、業績報酬も自己完徹型である。そのため不審に思えることは、いずれ自己の責任として跳ね返ってくることになるので、疑問のあることは明らかにしておかなければならないと考えての行動であったと考える。

平成23年11月1日に第三者委員会（以下「本委員会」という。）を設置したが、本委員会は、司法の検査等と違い取引先等への半面調査や強制調査権がなく、会社関係者への『聞き取り調査が中心』となるので、調査の範囲と深度に限界がある。なお『本委員会は、オリンパスが行った損失先送りと損失解消についての実態解明を第1の中心的な調査範囲とした』上で『本件は、長期間にわたり損失先送りの事実が発覚しなかった点に特徴があり、この点でオリンパスのガバナンスないし内部統制に何らかの問題がある可能性が考えられた』と、オリンパスのコーポレート・ガバナンス機能を問題視している。

事件の背後に『財テクの失敗』があった。オリンパスは、昭和60年以降の急速な円高によって大幅に営業利益が減少したことを受け、Sが社長の時代に、当時隆盛となりつつあった『財テク』を重要な経営戦略と位置づけ、金融資産の積極的運用に乗り出したが、平成2年にバブル経済が崩壊し損失が増大した。その損失を取り返すために、ハイリスク・ハイリターン商品や金利先喰い型のリスク商品、さらにはリスクの高い複雑な仕組み債に手を出し、逆に運用損は飛躍的に膨れあがり、1、000億円弱ほどの巨額な損失となった。このような『財テクの失敗』が、会社をして会計不正に走らせた背景である。主要な経営者の中に誰1人『正す取締役』が不在であったことが、オリンパスの経済資源に大きな犠牲をもたらしたことになる。

しかし、ここで不明な点がある。当時、多くの会社が財テクに走っていた。多くのケースで銀行（融資者）と証券会社（運用者）が協調して、事業会社に勧誘していた。そこでは『にぎり』もしくは『利回り保証』で資金運用されていた。会社の経理担当者ならびに監査人は、この財テクの取引実績を知り得る立場にあったものと考えるのが常識である。当然に監査人の監査対象であった。会社が監査の対象とされる『日々の取引記録』から、問題とされる取引記録を除外することは不可能と思われるからである。このオリンパスでは、財テク取引のすべてを隠しとおすことができたのだろうか。

オリンパスが『預金等を担保（虚偽の無担保融資）に融資を行った』ことに、ひとつの疑問がある。監査人は『期末残高の実在性』を確かめるために、銀行をはじめ取引の相手先に直接に残高確認を実施している。銀行などの金融機関に対して実施する残高確認には、預金や借入金のほか債務保証、担保、為替予約などが含まれている。したがって預金等を担保に銀行から融資を受けていれば、担保の存在から融資の存在を知ることができるはずである。監査人がこれを見逃すはずはない。しかし、銀行がオリンパスに協働して偽りの残高証明書を発行していたならば、実績のある銀行であれば偽造を疑うことはないから発見されない。実際、シンガポールの銀行が協力していた。この本件融資（企業買収資金）は、リヒテンシュタインとシンガポールの銀行から、オリンパスの預金や債券を担保に数百億円、海外のファンドに実行されていた。シンガポールの銀行員であった共犯者は後日、アメリカで逮捕されることになる。このように銀行サイドが共謀の一端を担っている場合には、「外銀からの回答書」を証拠力の強いものと考えている監査人にとって、不正の事実を発見するのはほとんど難しいといわざるを得ない（注：「追記」）。

なお平成26年12月8日には、オリンパスの粉飾決算事件で「経営陣に損失隠しを指南した」とされる当時の証券会社の取締役に対する金融商品取引法違反（有価証券報告書の偽造記載）罪で、東京地裁が懲役1年6ヵ月、執行猶予3年、罰金700万円を言い渡した。「損失を架空ののれん代として計上すること」について「虚偽記載の認識があった」と認定したことによるものである（26・12・8夕）。」

オリンパスの不正会計では「巨額ののれん代」が問題になった。この「のれん代」が月次試算表に計上され、定例取締役会で月次決算報告を受けているはずであるから、社外取締役と社外監査役が「なぜ気がつかなかったのか」不思議な気がする。また会計担当者（課長職以下の入力「起伝」担当者を含む）は会社の決算を担当していることから、当然に気が付いているはずであると考えるが、新聞報道では「ごく一部の経営者しか知らなかった」という報道のされかたをしている。しかしそんなはずはないと思うのは、著者だけではないと思う。そのようなことを含めて会計監査人は決算監査で、たとえば「勘定分析」（分析的手続のひとつ）を通常行っているので知り得る立場にいるものと考えている。

本報告書は「損失隠しの全貌」について「損失分離スキームが固まり、オリンパスが保有していた含み損失の大部分の分離が実行されたと考えられる平成11年～平成12年ごろ、分離された損失額は960億円、平成15年においては1，177億円であった。その後、損失分離先のファンドにおける新たな投資の失敗による損失の拡大や、ITX株式の売却損、スキーム運営の協力者への報酬の支払い、ファンド運営費用の継続的な外部流出の発生等により、損失が拡大していった。その結果、本件国内3社株式取得額のうち、損失分離先のファンドに流出した716億円に、ジャイラス買収に関連して支払ったワラント及び配当優先株の取得額計632億円を併せた合計1、348億円が、損失分離スキームによって飛ばした上記1、177億円の損失に加え、スキーム維持費用等に充当された。」と説明している。

本報告書は、会計監査人の監査と引継の問題について「あずさ監査法人については、平成11年9月にオリンパスの『飛ばし』取引を発見したのち監査手続において、さらに徹底した監査を実施していれば、平成10年10月以降平成12年3月に至るまでの間にオリンパスが実行した本件損失分離スキームに基づく含み損を抱えた金融商品の『飛ばし』の全貌を発見しえたのではないかが問題となる。」とした上で、「最後に、平成21年3月期の監査において、オリンパスの会計処理につき大きな意見対立があったにもかかわらず無限定適正意見を付したことが問題として指摘しうる。この点については、あずさ監査法人において、無限定適正意見に先立って監査役会に業務監査権限の発動を促したり、金融商品取引法第193条の3の発動を仄めかしたりして、適正な経営判断かにつき問題提起をしている。」と説明している。会計監査人としては会社に対して改善事項を申し入れていることから、一定の範囲内であるとしても監査努力を評価している。しかし徹底さに欠けたことは確かなことである。

ここで問題とされていることは、結局のところ「経営者の経営姿勢」に依存しているということである。したがって企業が経営の透明性等を開示するとして、取締役や監査役の構成ならびに選任の公正性等を公開するなどして、利害関係者の信認を得る努力が、今後、より一層強く求められていくことになる。ともかく本報告書は「企業風土、意識に問題があった」として「会社トップが長期間にわたってワンマン体制を敷き、これに会社内部で異論を述べることがはばかられる雰囲気が醸成されていた。歴代の社長には、透明性やガバナンスについての意識が低く、正しいことでも異論を唱えれば外に出される覚悟が必要であった（そのことはウッドフォードの処遇を見ても明らかである。）。」という会社の内部事情において「取締役はイエスマンが多く、取締役会は形骸化していたと認めざるをえない。社外取締役もこれにふさわしい人物が選ばれておらず機能していなかった。監査役会も更に形骸化し、社外監査役を含め監査役にふさわしい者が選任されていない」など、基本的要因があったと強い批判を行っている。つぎに大王製紙について触れておく(7)。

「大王製紙株式会社元会長への貸付金問題に関する特別調査委員会（以下「本委員会」という。）は、平成23年10月27日、調査報告書（以下「本報告書」という。）を公表している。本委員会は『設置の目的』として『平成23年9月7日、大王製紙株式会社（以下「大王製紙」という。）の代表取締役会長であるＩ（以下「元会長」という。）が、連結子会社から長期間にわたって個人的用途のため多額の貸付を受けているとの事実が発覚した。事の重大性を認識した大王製紙は、同月16日、大王製紙の連結子会社から元会長に対する貸付（以下「本件貸付」という。）に関して、専門的かつ客観的な見地から調査を行わせ、同年10月下旬を目処に、その調査結果を報告させるための特別調査委員会を設置した。』と述べている。

大王製紙の連結子会社は37社であるが、ダイオーペーパーコンバーティング株式会社ほか6社（以下「7社」という。）において元会長個人（当時7社の代表取締役でもあった。）に対し貸付金として会社資金が支出されていたことが確認された。7社からの貸付は、平成22年5月12日エリエール商工あてに5億5、000万円が振り込まれたことを始めとして、平成23年9月6日までの間に、合計26回にわたりなされ、その合計は106億8、000万円に上った。ただしこれらの貸付に対し、3社の担当役員には重要な取引であるという認識（役員貸付金「利益相反取引」としての取締役会承認事項など）はなかった。本件事件の発覚は『内部通報』によるものである。平成23年9月7日、赤平製紙から関連事業第一部担当者宛に社内メールが届いた。元会長から9月1日に指定口座に振り込むようにとの指示に応じて『9月2日に元会長の個人口座に3億円を振り込んだ』との業務上の報告であった。折り返しで電話し確認したところ、エリエールテクセルでも同様のことがあり、報告を受けた大王製紙のS社長の指示により電話による確認が行われ本件貸付の事実が発覚した。

重要なことは『いずれの貸付についても事前に取締役会に諮られることはなかった』ことと並びに『貸付実行後に取締役会に諮られて承認された場合でも、貸付の目的、必要性、返済の確実性など当然行われるべき検討はされなかった』ことにある。中小会社のオーナー会社に有り勝ちな形態である。しかし大王製紙は上場会社であり優良会社と評されている会社である。ともかく取締役会並びに監査役会のいずれも形骸化していた。その構成員は『善管注意義務違反』および『忠実義務違反』を犯していることになる。むしろそのような人材を取締役会並びに監査役会の構成メンバーに選任していたと理解される。」

一般的に同族会社にみられるトップの独裁体制による統治下にあっては、内部統制機能が機能不全な組織となっている。大王製紙に連結子会社等を管理する関連事業部があるが、担当取締役は元会長の実弟であり、関連事業部は連結子会社の業務の進捗度や関連法規の遵守状況の監査が主目的であって制度会計には関知していないことに、その一端をみることができる。したがって、会社が公表する「財務諸表の適切性」や「コーポレート・ガバナンス」の視点からの監査、監視は行っていない。また、実弟が実兄を管理、監視することは困難で、大王製紙には機能するコーポレート・ガバナンスが存在していなかった。

経理部であるが、連結子会社は四半期ごとにコンピュータ会計処理システムを通じて、大王製紙経理部にいわゆる連結パッケージを送っている。その中の「関連当事者との取引明細表」等に本件貸付の相手方、金額が記載されていることから、担当取締役は平成22年7月に第1四半期の連結パッケージから、監査法人が気付く前に本件貸付の事実を知ったが「違法行為をしているとの疑いをもたなかった」ために「監査役やその他の役員に対し、注意を喚起し是正や防止を図る必要があるとは考えなかった」とされたように、経理の管理責任者が「会社法や金商法の規定を充分に理解していなかった」ことも問題発覚を引き延ばしていったとされる。人材不足が露呈した事件であった。

つぎに監査法人であるが、監査法人は平成22年7月29日に第1四半期決算のための監査中に「連結パッケージから本件貸付の事実を知った」ことから、その内容について、経理部に尋ねたところ十分な説明がなく、使途は分からずじまいに終わった。つまり監査法人は、本件貸付について経理部に質問をしたが、それ以上、監査人が心証を得るための追加（的）監査手続を実施しなかった。質問は監査手続のひとつであるが、それはあくまでも監査手続の入り口である。他の監査手続を採用するときの前段的監査手続である。本件のような役員に対する貸付金は、利益相反の関係で会社法上、取締役会の承認事項である。このような重要な取引は、比較的強い「職業的懐疑心」を働かして重点的に監査すべき対象であるにもかかわらず、監査人はあえて必要な監査手続を実施していなかった。

監査法人は、平成22年9月にはエリエールペーパーテックを常勤監査役とともに往査したときに、元会長にすでに4件の貸付をしていた事実を知り、貸付担当者から事情を聴取しようと思えばできたが、それすらも実施していない。したがって、貸付の内容、資金の使途を確かめるための追加監査手続を実施しなかった。そのため適切な監査手続を実施していないことから、適切な監査証拠を入手していなかったことになる。しかし監査法人の平成23年3月期における会計監査結果は、第1ないし第3四半期レビューの結果はいずれも無限定の結論であり、期末の監査結果は適正意見であった。内部統制監査でも適正意見であった。

なお大王製紙の監査役は、常勤監査役2名、非常勤の社外監査役が3名である。社外監査役の2名が弁護士で、1名が元国家公務員である。監査役の中に「財務および会計に関する相当程度の知見を有する者」として事業報告の中で開示されている者はいない。したがって大王製紙の場合、財務に関する適切な監査を行える体制になっていなかったと考えざるをえない。また監査役は独自のスタッフをもたないことも明らかにされたことからも、人手不足で必ずしも適切な監査を実施できる体制が作られていなかった。このような状態では、適切な監査役監査を行うことはできないと考える。

ともかく本報告書は、最終的に「大王製紙グループにおいて顧問、元会長親子が非常に強い支配権を有しており、特別の存在として扱われていること、大王製紙グループ内ではトップの指示には当然従うという体質が出来上がっており、まさかトップが会社に不利益な行動をする筈がないという気持も働き、安易に貸付に応じ、防止するための行動ができなかったことによるものと判断した。」と総括している。

2　不正会計の温床と悔恨

相次ぐ不正会計――事例検証

歴史は繰り返す。不正会計は後を絶たない。日経は「広がる会計不祥事・疑惑　欧州企業、信頼性に影」と題して、欧米企業の会計不祥事事件を取り上げている。欧州で企業不祥事が相次ぎ発覚している背景として、米企業改革法（サーベンス・オクスリー法）の存在がある。(8) そのような企業を取り巻く監視環境が強化されたことで、たとえばアデコなど欧州企業の米国拠点の監査も従来より格段に厳しくなったし、その結果として、ユーロ圏企業への不信感が高まり、資金調達のコストに跳ね返ってきている。

① エンロン（アメリカ）　２００１年12月――経営破綻後に特別目的会社を活用して負債を簿外化するなど、さまざまな詐欺的な会計処理が発覚した。元最高財務責任者が有罪を認めた。

② ゼロックス（アメリカ）　２００２年６月――収入の前倒し計上で、過去５年間に総額60億ドル強の売上高を水増ししていたと発表した。ＳＥＣが元最高経営責任者らに２，２００万ドルの制裁金を科した。

③ ワールドコム（アメリカ）　２００２年６月――営業費用を過少計上することで、投資家が重視するＥＢＩＴＤＡ（利払前、税引前、償却費計上前利益）を水増しした。

④ アホールド（オランダ）　２００３年２月――販売促進費の不正処理などにより、アメリカ食品製造卸部門で５億ドル超の利益の水増しがあったと発表したが、後日、不正会計の金額が拡大した。

⑤ パルマラット（イタリア）　２００３年12月――イギリス領ケイマン諸島の子会社を通じて保管していたはずの40億ユーロ弱の現金と証券が紛失したと発表した。

⑥ アデコ（スイス）　２００４年１月――北米部門の会計管理に深刻な欠陥が見つかったため、決算発表の予定日までに監査が終了しないと発表した。

日本においても会計不祥事事件が相次いで発覚しており、その都度調査委員会を立ち上げて調査を行っているが、その実際の「機能と効果は限定的である」ことは前稿で指摘したところである。いずれにしても平成21年において調査委員会を設置したと発表した企業が34社ある。日経は「調査委員会のメンバー選出は会社の判断に委ねられているため、選出方法や会社との利害関係など分かりにくいことが多い」とし、また「調査委員会は、企業から報酬を得ながらその会社にとって不利となる事実を調べるため、利益相反の問題に直面」（22・3・2）していると、調査委員会の構造的な問題を指摘している。なお、同日の日経は「証券取引等監視委員会から課徴金納付命令勧告を受けた企業の時期と内容」について、以下のように記載している。

① フラコー　売上高の前倒し計上
② アイ・ビー・イーホールディングス　無形固定資産の過大計上
③ ゼンテック・テクノロジー・ジャパン　売上高の過大計上
④ ジャパン・デジタル・コンテンツ信託　架空売上の計上
⑤ フタバ産業　売上原価の過少計上
⑥ ビックカメラ　匿名組合清算配当金を特別利益に計上
⑦ 大水　架空売上の計上
⑧ アルデプロ　売上高の過大計上

その他にも比較的多数の「企業の不正会計」があり、幾度となく報道されている。

⑨　日本ビクター（22・3・13）

ＪＶＣ・ケンウッド・ホールディングスは、子会社の日本ビクターが不適切な会計処理を行っていた問題で、平成17年3月期以降の過年度決算を訂正したと発表した。ビクターの平成21年9月の第2四半期に計上した76億円の損失額が171億円の損失に膨らんだ。その原因は、欧州テレビ事業で未処理の営業経費などを平成17年3月期までさかのぼって処理したためであると説明している。

⑩　ホンダ（23・1・25）

ホンダは、全額出資子会社の商社「ホンダトレーディング」が水産物の不適切な取引により収益を過大計上していたことが判明したと発表した。平成14年ごろから、複数の取引先から冷凍のシラスやエビを市場価格を大幅に上回る価格で購入し、売り戻すといった手口で収益を過大に計上していた。同じ商品の売り買いを繰り返し、値をつり上げる「反復取引」や「循環取引」を行っていた。

⑪　住友大阪セメント（23・12・17）

同社は、平成22年3月期から平成23年9月期にかけて、棚卸資産を過大に計上していたと発表した。10月末時点で実在する在庫や材料などの棚卸資産と、社内管理上の帳簿との差額は14億円に達する。10月から実施した内部監査部門などの調査で判明したと説明している。

⑫　富士重工業（24・6・1）

同社のクリーンロボット部の元部長による不正支出問題に絡み、同社が東京国税局の税務調査を受け、平成22年3月期までの7年間で約6、200万円の所得隠しを指摘された。追徴税額は重加算税を含め約2、600万円だったが、過去の青色欠損金との相殺で約500万円の納付で済んだと説明されている。不正支出額は会社に損害賠償権があるとして、請求権相当額が益金として認定された。調査対象期間が7年間というのは「悪質」であるゆえの調査期間であり、重加算税が課された。

⑬　タダノ（24・6・10）

クレーン大手のタダノは、アメリカの子会社「タダノ・アメリカ・コーポレーション」のアメリカ人の元副社長が、平成22年から最大で約900万ドル（約720百万円）を横領していた疑いがあることがわかったと発表した。実在しない訴訟の手数料などを不当に水増しし、架空の法律事務所に支払うなどして資金を不正に得ていた疑いがあるという。これだけの巨額の横領に対して、会社の内部統制が有効に機能してこなかったこと自体問題である。

⑭　ＩＨＩ（24・6・29　夕）

総合重機大手ＩＨＩの子会社「ＩＨＩマスターメタル」の取締役と製造課長が、レアメタルの買い付けなどに絡み、仲介会社の幹部と共謀して8年間で約145百万円を着服していたことが、マスター社への取材でわかった。ニッケル、クロムなどを仕入れる際、実際の値段より高い額を会社に報告し、差額を着服するなどの手口で不正を行っていた。

⑮ ＯＫＩ（24・10・11）

同社は、欧州子会社で不適切な会計処理が発覚したのを受け、再発防止策に取り組むことを発表した。不適切な会計処理を行っていたのは、スペインのプリンター販売子会社で、売り上げの架空計上などの不祥事が発生した。この会社はＯＫＩの「曾孫会社」に相当し、直接の親会社は欧州販売統括会社であるが、チェックが甘かったばかりでなく、曾孫会社になっているがゆえにＯＫＩ本体から遠い存在になっていたことから、眼が届かなかったということである。最近、とくにＭ＆Ａによる多角化・広域化・巨大化現象が起きていて、管理部門の充実が、人手不足により遅れたことなどから、監視・監督が行き届いていないことが多いとされている。他の多くの企業グループにおいても、同様なことが起きている。

⑯ 三菱電機（24・12・22）

防衛省は、防衛装備品の調達をめぐる過大請求問題で、三菱電機への過払い金が約２４８億円に上ると発表した。過大請求は、宇宙航空研究開発機構（ＪＡＸＡ）などの業務でも発覚しており、違約金や延滞利息を含めた三菱電機グループの返納金は合計で７７３億円に達する見込みであると説明されている。日経は「過大請求問題の背景には、三菱電機のコンプライアンス（法令順守）体制が機能しなかったほか、防衛省と企業の契約が特殊だという問題がある。」とした上で、当該事業部門では「不適切な行為という認識が希薄で本社サイドは把握していなかった」ことに原因があったと指摘している。

一般的に言って、企業サイドでは過大請求をする背景に「事業全体の赤字を回避したいという自衛手段」の一環として利用しているきらいがある。このため「過大請求で指名停止を受けて返納金を支払う企業が後を絶たず、旧防衛庁時代の1993年以降で20社を超える」ような状況が続いていることから、日経は「不正の容認や隠匿が起きやすい体質など企業側が改善すべき点は多い」と説明している。しかし、競争社会の中にあって発注者側の優位性もあって、賄賂の授受や談合による受注調整が行われやすい環境になっていることは否めない。さらに本事案における背景には「三菱電機でなければ製造が難しい装備品もあり、指名停止が長引けば安全保障に影響が出かねない」という切実な問題が内在している。

⑰　賄賂等の不適切行為と取り締まりの強化（27・10・19）

日経は「アメリカの司法省などが同国の『海外腐敗行為防止法』（ＦＣＰＡ）により、外国企業の贈賄行為の取り締まりを強めている。日本企業も日揮、丸紅などが摘発され、巨額の罰金刑を受けた。」として、以下に掲げた企業名と金額（罰金・制裁金）と内容（国名は問題のあった国・地域）を掲記している。

（ア）ニッキ　ナイジェリア　液化天然ガス施設の受注　21、180ドル
（イ）ブリジストン　中南米等　タンカー用ホースの販売　2、800ドル
（ウ）丸紅　ナイジェリア　液化天然ガス施設の受注　5、460ドル
（エ）丸紅　インドネシア　発電所の受注　8、800ドル
（オ）日立製作所　南アフリカ　与党関係者への金銭提供　1、900ドル

以上のような該当事例を挙げている日経は、またオリンパスについて「医療事業を展開する中国の拠点で、公務員への不適切な支出があった可能性がある。」として、アメリカの司法省に自主申告したことならびに平成27年3月期に539億円を特別損失に計上したと報じている。このようなことが起きる背景には、アメリカのFCPAが同国以外の公務員への賄賂を禁止していることにある。またここ数年、新興国で贈収賄を厳しく取り締まる動きが加速していることがあり、従来慣習として行われてきた行為も、その条項に触れる行為と判断されるようになってきたという背景がある。さらに新興国で経済の低迷もあって、国民の不満がたかまっているという「国内の政治的事情」がある。むしろ、国民が目覚めたということのほうが大きな影響であると考えられる。

⑱　東京海上日動火災保険（26・2・7）
平成26年2月6日、東京海上日動火災保険において、受け取れる保険金が支払われていな

い問題が発覚したとして、自動車事故の賠償に付随する「対人臨時費用補償」と呼ばれている保険契約について、一部の保険金が支払われていなかった。「例えば、事故を起こした人が保険金を申請した時に付随契約部分でも保険金が出ることを説明せず、お金を支払っていない例が多かった」との説明である。そのようなことから日経は「保険金の不払いで問われたのは保険会社の体質だった」と指摘しているが、企業会計の視点から見れば「未払債務の不計上」に相当するので、貸借対照表上、債務の過少表示に該当することになる。

⑲ ＬＩＸＩＬグループ（27・11・17）

ＬＩＸＩＬグループは、平成27年11月16日、中国で水栓金具を手掛ける子会社だった「ジョウユウ」の不正会計に関する調査結果を発表した。そこでは「財務書類偽造などは２００８年から続いていたとし、再発防止のためＭ＆Ａ（合併・買収）の手続き厳格化など内部監査体制を強化する」との方針を打ち出している。この子会社「ジョウユウ」はＬＩＸＩＬが平成26年に買収したドイツの水栓金具大手グローエの傘下の会社であった。ＬＩＸＩＬは平成27年4月に、ジョウユウの株式を追加取得し子会社としたが、その後の調査で売上高と資産について実態とかけ離れていたことが発覚した。決算を糊塗していたことが判明し、破産手続きを進めることになった。その結果、ＬＩＸＩＬは「同社の借入金に対する債務保証などで平成26年3月期～28年3月期に約６６０億円の特別損失を計上すると発表」することになった。子会社化から半年足らずで、約６６０億円の特別損失を計上することになったことは「取締役の経営責任」が問われてくることになる。「善意ある管理者としての責任」が当然発生してくるからである。

日経によれば、平成28年1月18日、ＬＩＸＩＬグループは「中国で水栓金具を手がける子会社だった『ジョウユウ』の不正会計に関し再発防止策の進捗状況を公表した。」が、その中では「Ｍ＆Ａに対するリスク認識が不十分だった」と問題点を指摘している。とくに問題としている点は（ア）海外子会社の管理、（イ）Ｍ＆Ａの進め方および（エ）買収後の統合プロセスである。なおＬＩＸＩＬグループは平成26年に「日本政策投資銀行とともに約４、０００億円を投じてグローエを買収した。」が、グローエの子会社であったジョウユウで不正会計が行われていたということであり（28・1・19）、とくに海外における子会社ならびに孫会社、曾孫会社まで眼が届いていないという事情がある。その原因としては、財務・経理に関する知識・経験のある専門家が不足していることなど人材の不足が挙げられている。

⑳ 東芝会計不祥事の影響による決算発表の延期（27・11・21）

これらの会計問題を含め、東芝の不正会計事件をきっかけとして、内部監査機能の強化が図られると同時に、会計監査人の監査も細かいところまで眼を光らせることになった。それに伴い、不透明な会計処理の発覚などで決算発表を延期する企業が増えている。現実に平成

27年9月以降、曙ブレーキ工業（営業員が売上高を水増し）、クラボー（元従業員の不正取引）、カワセコンピュータサプライ（不明瞭な営業取引）、日新電機（資産の過大計上）など9社が決算発表を延期している。これは前年同期の5社から80％の増加となっている。なお、このようなことが行われるようになった背景には、不適切な会計の金額が小さくとも、発表を延期する企業があるという事情にある。

㉑ 小僧寿し（27・12・1）

小僧寿しは、不適切な会計処理の疑いがあったとして、10月に設置した調査委員会から最終報告書（以下「本報告書」という。）を受け取ったと発表した。同社は、「平成25年10月から平成27年5月までの間に架空発注があり、累計8、276万円を不適切に取引先に支払ったことがみとめられた」と発表した。この調査委員会の最終報告書（平成27年11月30日）の構成委員は5名であるが、同報告書には資格や知見の有無や調査報酬額など「最終報告書の有用性・透明性など」について、第三者が判断できる重要な要件が記載されていない。ともかく本報告書は「調査の限界」として、まず「本報告書は、平成27年11月30日現在、本委員会が取得している情報に基づいて作成されているが、本報告書に係る調査は、あくまでも任意の調査であり、資料収集等に関し任意調査による限界が存在している」との断りを記載している。本報告書の結論部分では「小僧寿しの役員については、法的な責任についてまで認めることは困難であると思われるが、他方で、本件架空発注が実行され、1年半以上の期間にわたり継続されていた事実は、重大であると言わざるを得ない。また、本件架空発注により小僧寿しに発生した損失も、本件架空発注に関する代金額8、276万1、750円（税込）のほか、（中略）担当取締役を始めとする小僧寿しの役員については、少なくとも道義的・社会的責任を免れることはできないと解され、当該責任に対応した一定の社内的な処分を課すことも検討すべきであると思われる。」と結んでいる。

正常化への道標・現状（事実）把握と適切な対応

平成27年12月10日、ドイツ・フォルクスワーゲン（VW）が「排ガス試験の不正に関する調査の中間報告」を発表した。日経の記事では、VWは2005年（平成17年）にアメリカでディーゼル車の拡販をめざしたが、不正の発端を指摘し、組織的な関与を会社として初めて認めた報告書であり、発覚から3ヵ月近くたち、米欧ではVWの新車販売の低迷が顕著になっていることから、営業成績の大幅な減収になると報じている。とくにアメリカでは、新車の販売が11月に前年同月比で24・7％の大幅な減少となっている。

問題とされるべき不正の背景について「社員個人の過ちと規則違反を許す関係部門の姿勢があった」とし、個々の社員の過失だけでなく、組織としての関与があったと認めた。しかし、とくに問題視されるべきことである「最大の責任者が誰であるか」については、この報告書では明らかにされておらず、現時点では「特定できない」と逃げている。いずれにしても「アメリカ当局が追及の手を緩めていない」ことから、VWとしてはさらなる試練が待っている。あるアメリカの自動車専門誌は「経営陣に罪を犯したという姿勢が見られない」(27・12・11)と憤っている。この事件をはじめ多くの事件において、不正行為が発覚した後の事後処理の方が、経済的にもまた経営者を含めた関与者の労苦が非常に大きいことから、企業統治の側面からいっても「防止施策の徹底」が求められている。

平成27年12月11日の日経『私の履歴書』の中で奥田務は、中国の思想家(儒学)荀子の言葉「先義後利」について、入社時の研修で講師が引用して説明した時には詭弁だと思っていたが、その後「奥の意味」を理解したと説明している。「先義後利の話を初めて聞いたときに『利益を追求するためにお客さんや社会への言い訳のようなもので詭弁だ』と思った。しかし、後に経営者となってすべての経営活動において先義後利の視点を欠くと、必ずと言っていいほどうまくいかなかった。」と悔恨の念を吐露している。現実の問題としては、これまで見てきたように、多くの企業で「後の利」ではなく「先の利」を求めていき、それが「偽りの利益」を追いかけていくことになっている。同日の日経『大機小機』は「対話と議論が社会を変える」との見出しで、まず「名門企業で不祥事が相次ぐのは何故か」と問い

「社会の価値観が変化し、『正解のない問い』があふれている。人々は一目でわかりやすい正解を求める。」(9)ようになっている現在社会の潮流に反省を促している。会計監査の社会においても「訴訟に耐え得る監査調書の作成」が求められていること(監査人の言い分)から、整然と整理された監査調書の作成自体が目的化している。そのため「現実直視の監査」から遠ざかってしまう。そして事実認識が薄らいでしまうという弱点のある監査手続の実施ならびに監査調書の作成につながっていくことになる。そのあたりの現況について、この『大機小機』は「例えばeラーニングの普及で全社員に対する研修も容易になったが、むしろマニュアル通りの対応しかできない人材を作っている」と批判している。ちょっと見方を変えれば現在の公認会計士の監査手続にあてはまる。マニュアル優先主義で、時間的余裕がないこともあって、マニュアル通りの監査となっている。この筆者は、正解のない問いに対応するための「重要な手段は対話と議論だ」と言う。その意味では、現在の監査体制(監査実施の姿勢)にとって重要なことは「経営者との対話(意志疎通)と議論(相互理解)」である。

企業行為には「賄賂、贈賄」の類がいろいろあり、人間という「欲得の生き物」である限り、ビジネスには欠かせない。企業実務(税務会計)の世界においては「使途秘匿金」(不正の温床に関係する金銭の授受)で処理されているものがある。「平成26年6月までの1年間に国税当局に申告した使途秘匿金の総額は60億円で、24億円の制裁課税を受けていた」ことがわかった。使途秘匿金を支出した企業は1、054法人である。「業種別では建設業の課税額が最も多かった」とされているが、建設業は施主（受注競争）との関係から、なかなか断ち切れないという事情がある。日経では「使途秘匿金は、政治家への裏献金やリベートの原資になっているとの批判は根強いが、企業が使い道を隠そうとするケースは後を絶たない。」（27・8・11）と発生する背景を説明している。

使途秘匿金については、拙著『租税法の基礎』[10]の中で比較的詳しく説明しているので、関心のある方はそれを参照していただくとして、ここではその「さわり（要約）」について触れておくにとどめることにした。新聞記事にある「制裁課税を受けていた」という文言に誤解が生まれることを危惧しての説明である。その意味していることは「自己否認による課税措置」であるからである。

「使途不明金の旧来の表現は「費途不明金」である。その後、税務調査に際して法人側がその支出の内容を明らかにしないものであり、税務当局にとって不明であるため「使途不明金」と呼ぶようになった。その後、税務当局の調査に対して、支出の相手先とその内容を明らかにしない支出であるために「使途秘匿金」と改称された。平成5年1月に発覚した建設疑惑をきっかけとして、租税特別措置法第62条に「使途秘匿金の支出がある場合の課税の特例」が設けられた制度である。通常の法人税の額に、当該使途秘匿金の支出の額に40%を乗じて計算した金額(特別課税額)を加算した金額とするとしたものである。この40%の税率は、この制度が導入された時点の普通法人の基本税率である。この当時より法人税率は引き下げられているが「罰則的意味合いのある使途秘匿金」に対する重課(重複課税)の税率の見直しは行っていない。

その基本的な考え方は、使途秘匿金は実際に支出されたかどうかの確証がなく、また仮にその支出のあったことが推測できる場合においても、その支出が損金に算入できる費用等に該当するかどうか、税務当局が確認できないことにある。企業が支出する相手先を秘匿するような支出は、実際に事業目的として支出されたかどうか不明である。経営者が自己目的として支出(流用)しているかもしれない。さらに秘匿された支出は、違法もしくは不当な支出につながりやすく、公正な取引を阻害することにもなるので、このような支出を抑制することを目的として設けられた規定である。」

そのほかに「海外訴訟による賠償金や罰金」などに起因する国外資金流失問題も大きな問題である。財務省の国際収支統計によると「企業活動を巡る海外での訴訟が日本の国富流失につながっている」ことが判明した。官民の無償資金や賠償金等の収支状況を表す「第2次所得収支」は、平成26年4月から平成27年1月（10ヵ月間）までの累計で1兆4、002億円の支出超過となっている。前年同期に比較して55％の増加である。最大の要因は、「海外での訴訟による賠償金の支払い」が増加していることにある。平成26年8月に「中国で日本の自動車部品メーカー10社が総額12億3、500万元（約200億円）の罰金を命じられた」ほか、日本郵船や川崎汽船も輸送船の運賃を巡るカルテルを結んだとして罰金に応じたほか、矢崎産業がアメリカで1億ドルの罰金・和解金を支払っている。さらに、日本企業が海外で支払うリコール費用の影響も大きな要因になっている（27・3・11）。

このような支払いが起きている背景には、アメリカの低迷している財政事情を背景にした処罰の厳格化がある。たとえば「フランスの銀行最大手BNPパリバによる違法取引の責任を巡るアメリカ司法当局が求める100億ドル（約1兆円）規模の罰金にフランス政府が『過剰で不公平』（オランド大統領）と反発し外交問題に発展した」という事件も発生している。フランス政府は「罰金の大きさに反発したが、アメリカ国内で100億ドルの制裁は最近の相場」になっているようで、バンク・オブ・アメリカやシティグループが100億ドル程度の罰金を支払っている。いずれも「金融危機時の証券不正販売」（筆者注：「サブ・プライムローン」事件関係）に対するものである。そのほかには、平成25年にJPモルガン・チェースが130億ドルの罰金で手打ちをしたケースなどがある。

註

（1）日本弁護士連合会　弁護士業務改革委員会［編］『「企業等不祥事における第三者委員会ガイドライン」の解説』商事法務、2011年3月。

（2）前掲書、v、vi頁。

（3）前掲書、viii頁。

（4）前掲書、iv頁。

（5）守屋俊晴、明治大学専門職大学院会計専門職研究科『会計論叢』第7号、2012年2月『判例研究―「公正ナル会計慣行」の判断について―』本稿において「公正ナル会計慣行」に関する裁判所の検証と判旨について検討している。

（6）守屋俊晴、前掲書『監査人監査論』、297～301頁。

（7）前掲書、314～317頁。

（8）守屋俊晴『取締役の企業統治責任』中央経済社、平成15年6月。

本書では「アメリカの大手エネルギー会社であるエンロン社は、2001年12月2日に、連邦破産法第11章の適用申請を行って経営破綻した。このエンロン社の『不正会計事件』に端を発して会計と監査に関する規制が強化された。」とし、その結果として2002年7月30日に、呼称「企業改革法」が成立した。「同法の正確な法名は『証券諸法に準拠し、かつ、その他の目的のために行われる企業のディスクロージャーの正確性と信頼性の向上により投資家を保護するための法律』である。しかし、法案の提案者である『ポール・サーベインズ（Paul S.Sarbanrs）』（上院議員）と『マイケル・G・オックスリー（Michael G.Oxley）』（下院議員）の名前に因んで『サーベインズ＝オックスリー法（Sarbanrs・Oxley Act of 2002）』と略称されている。」（２００～２０１頁）

この法律の骨子のひとつは、アメリカ公認会計士協会の自主規制機関としての公共監視審査会（Public Oversight Board：POB）が十分に機能していないとして「新たに監視機関として公開会社会計監視委員会（Public Company Oversight Board：PCAOB）を設置した」ことと、もうひとつは「監査人の交替性の導入」であり「同法は『会計監査の品質管理の強化』のため監査担当のパートナーのローテーションに関しては、主任（統括）パートナーおよび当該監査業務のレビュー担当パートナーについては、５年ごとに交替しなければならないことにした。」ことにある（２０１、２０２頁）。

（9）小五郎、日本経済新聞、27・12・11『大機小機』「対話と議論が社会を変える」

筆者は「さらに近年のコンプラ強化の流れは単純化したルールの徹底に終始し、思考停止を加速させている」と批判している。なお筆者のペンネーム「小五郎」は、筆者が木戸孝允の子孫であることからきている。

（10）守屋俊晴、前掲書『租税法の基礎』、３１１～３１３頁。

第4章　経営者の経営哲学と心情

「信頼できる財務情報」なくして適切な企業運営はできない。会計がすべてではないとしても、適切な財務情報を基として初めて「適切な経営判断」ができるのである。不正会計の蔓延はひと（企業の関係者全般）の心情から「善（良心）の心」を蝕んでいき、「悪（非改革）の心に対する免疫」を少しずつ減退させていき、最終的には麻痺させてしまう。会計の歴史を顧みれば「不正会計の世界は一種の麻薬の世界」である。一歩足を踏み入れると生半可なことでは厚生（更正）できない世界である。

1　経営者の経営哲学と心情（葛藤）

経営者の経営哲学と企業の盛衰

わたしは「人間社会から『不正』と『犯罪』はなくならない。」と言っている。そして拙著『会計不正と監査人の監査責任』（まえがき）の中で、以下のように言及している。(1)

「これまでの会計監査史は『不正と犯罪』の歴史であり、同時に『会計改革』と『監査制度の強化』の歴史である。追い駆けっこの様相を呈している。この改革と制度強化によってしても、不正会計と経営犯罪を根絶やすことはできない。平成23年に発覚した大王製紙事件とオリンパス事件、その内容は異なるとしても上記の経営者の経営犯罪と不正会計に深い関係のある事件であった。そこには『経営者の職業倫理の欠落』と『監査人の独立不羈の損傷』という重要な問題が提起された。また、平成24年2月に発覚したＡＩＪ投資顧問の不正年金運用事件が発覚している。そこでは、監督官庁の行政の怠慢も指摘されているが、問題とされるべきことは『なるべくしてなった事件』である。」

川村隆は日本経済新聞の『私の履歴書』の中で、リーマン・ショック後の経済不況で日立製作所が巨額の赤字を出した時に社長に復帰している。その時の状況について「社長復帰（元副社長２００３年（平成15年）３月退任）の打診を受けたのは２００９年3月のことで、この事業年度の最終赤字は7、０００億円超を計上した(2)」時期であると述べている。そして情報収集のため「人事の正式発表の前で、おおっぴらに会社に出入りできない。本社隣の丸の内ホテルの部屋に資料を運び込んでもらって10日間ほど俄勉強した。そこで浮かび上がったのは、バブル絶頂期の１９９０年度決算を頂点として、その後ジリジリと業績数字が悪化してきたことだ。途中何回か試みられた改革も徹底を欠き、効果を上げなかった。一言でいえば『緩慢なる衰退』の末にリーマン・ショックがやってきて、会社は沈没寸前まで追い込まれていた[3]」という経営環境にあった。

また、当時の実情について、日立は大きくなりすぎて、効率の良い経営統合体にはなっていなかった。そのため「大型艦船型経営体から中規模の効率の高い小回りの利く中型艦船型経営体への移行を目指した」と記述している。しかし他方で日立はより大型のドイツのジーメンスやアメリカのGEを追っている。ともかく第1目標値としてROEで同一水準を目指し、まず日立自体の効率経営を達成しなければならない。そのひとつの改革がそれまで独立性が高く、経営への干渉を拒否してきた御三家の経営方針への介入であった。この御三家とは日立化成、日立建機、日立金属である。もうひとつの改革が本体の構造改革である。

さらに「わたしと5人の副社長が万難を排して事業構成の入れ替えを進める覚悟だった。(中略) 長年赤字続きのテレビ事業から撤退することに異論はなかったが、工場の後始末や雇用をどうするかで散々苦労した。(中略) 最終的に日立がテレビの自主生産を終了したのは12年8月で、撤退を決めてから実際の撤退までに3年4ヵ月を要した。[4]」と続けている。

経営者には「勇気ある決断」と「責任ある行動」が必要である。この「決断と行動」には信頼できる財務情報と近未来を見ることのできる予測能力が備わっていなければならない。

不適切な財務情報を基にした判断と行動は誤った結果を招くが、現実には経営者自ら「偽りの財務情報」を作成させることがある。それが「不正会計」である。そこでは企業運営の決断と行動は誤ったものになることは、ほぼ確定的に想定される。失礼のないように言い表すことにするが、日立製作所の各種事業の「撤退と進出」には信頼できる財務情報その他必要な情報が提供され、近未来の予測能力（事業計画の基礎）が備わっていたということがいえる。それがリーマン・ブラザーズ後の世界経済不況からの見事な業績回復に見られる。

財務諸表における重要な虚偽の表示もしくは粉飾決算（不正会計）は、そのほとんどが最高経営責任者の指示によるものである。会計監査人は自らの関心（監査要点）を、広く財務諸表全体における重要な虚偽の表示を看過しないための対応（注意を払うこと）が必要である。個々の財務諸表項目（勘定科目）それ自体としては重要性が低いとしても、財務諸表全体（総合的判断）としては重要性が高くなる事項がある場合の判断である。ここでは個別の事業自体の適切な財務情報の作成が要請される。ところで不正会計は、ひとつの財務諸表項目のみで行われることは少ない。多くの事例を見て評価（判断・推定）すると、必ず複数の項目もしくは事業が関連していることが多いからである。

経営者の経営責任と言う場合、通常、最高経営責任者の責任であるが、日本の悪い因習のひとつに「集団無責任体制」がある。多人数による合議制は責任の所在を隠してしまう。川村隆は『ザ・ラストマン』[5]の中で日本の会議の問題点は「長時間かけて話し合っているのに、何もきまらない。」ことならびに結論を出せない原因として「〃大人数〃で〃話し合い〃をしている」[6]からであると指摘している。もうひとつの問題は時間制限をしていないことから、結果としてダラダラと時間だけが経過している。長くても3時間を限度にしておくべきである。それは人間が緊張して討議をすることができる時間であるからである。

事業もしくはビジネスには寿命がある。絶え間なき変革が必要である。日本の技術がどんなに優秀であったとしても、明治維新以降の社会的・経済的環境の変化を見ればよくわかるように、日本が欧米の事業に追い付き追い越してきたように、今度は日本が新興国に追い付かれ追い越されていく関係にある。企業が永続性を求めるならば「事業の寿命」を見定め、時には「撤退の英断」が必要になる。川村隆は「停滞することなく成長し続けるためには、常に新しい知識、技術、事業、市場を開拓し続けなければなりません。開拓者精神は成長の基本です。」と主張したあと「残念ながら、今の日本人は海外と比べると『開拓者精神』に乏しいという感じがします。」[7]と日本の未来に憂《うれ》いを抱いている。

現実に、現在、日本の大学の大学院生は中国や韓国の学生が多くを占めており、日本人の相対的割合が低くなっている。この事実は日本の若者の修学姿勢（勉学意欲）の低さの表れであり、近未来の日本を担っていく若者に大きくかつ悲しい現状を見ることができる。さらには日本の学生の海外留学生が長年低下している傾向にあり、世界の大きな舞台で、日本人が活躍していく機会が減少していることを物語っている。全国高等学校PTA連合会の調査によると高校生の4人に1人が「授業についていけない」上に60％前後の生徒が「授業の理解に苦労している。」と答えている。その背景には帰宅後の勉強（正規の授業外教育）をまったくしていない生徒が男子で53％、女子で44％に達している（22・5・31）。このような学力不足（修学意欲の退潮）の高校生が、大学に入学していることから必然的に「大学教育の質の低下」を起こしていることになる。

平成27年9月7日の日経は「東芝　最終赤字350億円超に」の見出しで「前期は米原発やディスクリート（単機能半導体）事業などで減損損失を計上する。収益力の低下を踏まえて工場などの帳簿価格を切り下げる。パソコン事業や海外テレビ撤退の損失、訴訟関連費用も膨らんだ。」と報じている。なお翌日の8日に過去の決算訂正を含む有価証券報告書を提出するとも報じている。また同日の日経『経営の視点』では「1980～90年代には東芝が半導体、ノートパソコンで世界を制した時期もある。（中略）東芝は市場構造に異変が見えつつも、トップの出身母体だったパソコンなどの不採算事業を維持し続けた。不正な会計はそうした中で起こった形だ。(8)」と指摘している。その背景には、東日本大震災後の経営不振があり、日立に後れを取っていることからのプレッシャーが大きくのしかかっていた。そのため必然的に企業業績にノルマを課していったものと考えられる。

川村隆は『ザ・ラストマン』の中の「きちんと『やめること』が出来る人【②未来を予測する】」で、監視・注視していかなければならない事項として、「(ア) どのような製品にも寿命があります。(イ) ピークをちょっと過ぎた時点で、その余命を読まなければなりません。(ウ) 最盛期を完全に過ぎたところで仕舞うと、現場の抵抗も強くなり、損害も大きくなります。(エ) 日立がプラズマディスプレイから撤退したころ、他のメーカーはむしろテレビの増産体制を築いていたのです。(オ) つらい決断、痛みを伴う決断をして、それを実行できる人が本当の経営者です。[9]」と記述(要点)している。

内部統制システムの欠陥と会計システムの脆弱性

フォードで最も長期間社長を務めたアイアコッカが、ヘンリー・フォードから「僕はどうも君と馬が合わないのだ」として解雇された。それよりも少し前に「君はあまりにも権力を持ちすぎたよ」との非難の言葉を受けていた。1978年7月のことである。この解任をチャンスと考えたのが、当時のクライスラーの会長リカルドであった。クライスラーへの移転について会長リカルドとアイアコッカが合意したのが1979年11月である。そしてアイアコッカが取締役就任の後日談として「私が、一番がっかりしたことは、何もかも初めからやり直さなければいけなかったことだ。」と述懐している。[10]

そして「アイアコッカが就任してまず気がついたことは、クライスラーには、フォードのようなしっかりとした社内のリポーティング・システムがないことだった。当然クライスラーのような大企業であれば、しっかりしたシステムがあるはずだと思っていた彼は、それを知って驚いた。そこで、社長就任後のまる1週間、彼はすべての部長に対して、各部の業務内容をすべて報告するよう命じた。すなわち、各部の車の生産台数と販売台数、各工場のリスト、製品のリスト、それに各製品ごとの生産コストと採算といったものであった。だが、各部長からの報告書はどれも〝簿記会計の域〟を出ていないお粗末なもので、彼がフォードでやっていたような原価管理とか、目標管理（MBO）といった考え方は、報告書のどこにも見当たらなかった。[11]」と嘆いている。

このような内部統制システムの欠陥は企業経営において重要な問題である。当時、すでにアメリカの会計監査において公認会計士の指導の下に内部統制システムの有効性が図られていたはずであるのに、上記のようにアイアコッカに言わせると「クライスラーの内部統制システムは大きな欠陥を有していること」になる。内部統制システムが有効に機能していない場合、会計上多くの「誤謬」と「不正」が発生しやすい状況にある。それは防御システムが機能していないだけでなく、財産の効率的、有効的、経済的な利用もしくは消費が行われていないことを意味しているからである。

アメリカ公認会計士協会（ＡＩＣＰＡ）が、１９６３年12月に発表した『監査手続書第33号「監査基準と手続（Auditing Standards and Procedures）」』第５章「内部統制の評価」に記載されているうちのとくに重要と思われる事項は次の２つである。

① 内部統制は、財産を保全し、会計資料の正確性と信頼性をチェックし、営業能率を増進し、かつ、定められた経営方針の遵守を促進するため、企業内部で採用する組織計画、および、これと調整統合されるすべての方法と手段から構成される。

② 良好に開発された内部統制の組織は、予算統制、標準原価、定期的な業績評価、統計的分析、従業員訓練計画、内部監査要員を含むであろう[12]。

クライスラーにおいては、ＡＩＣＰＡがいうところの「内部統制システム」が整備・運用されていなかった。これは公認会計士監査上重要な問題を含んでいる。公認会計士監査は「企業の内部統制が有効に機能しているという前提のもとで会計監査を実施している」からである。なお付言すれば１９７１年11月にＡＩＣＰＡは『監査手続書33号』第５章を補足するものとして『監査手続書第49号「内部統制に関する報告（Reports on Internal Control）」』

を発表している。同報告No.24「内部統制に関する報告書の様式」の中で会計管理の目的として「内部会計管理の目的は、権限なき使用ないし処分による損失から資産を守ること、会計記録の信頼性に関して絶対的ではないが、合理的な保証を与えるところにある。[13]」と、その趣旨を説明している。

アイアコッカに言わせれば「クライスラーには、GMやフォードにあるような監査・審査機能をそなえた委員会組織などはなかった。能率とか、しかるべき目的に合致しているか否かなどについて何の考慮も払わずに、仕事が行われていた。まったく、アイアコッカを迎えたクライスラーには、会社全体に経理偏重の弊害が充満していた」のであるが、アイアコッカによれば「〝技術のクライスラー〟の名声の源泉ともいうべき開発と製造の両部門の間には、明らかに亀裂が生じていた。これら両部門は本来、一体として管理・監督されるべき性質のものだったのである。実際、クライスラーの技術者の1人1人は優秀であった。しかし、製造部門とどのように連携していくかについての訓練はうけていなかった。」という。[14]日本の多くの企業の中でも縦割り社会が横行していて、他の部門との連携がうまく進んでいないことは稀なことではない。そのため非効率もしくはダブった業務が行われていることがある。とくに技術者の1人1人が優秀な場合「優秀であるがゆえに、誇り、驕り、独立心が強い」などの理由によって、他の人の技術との共同もしくは統合しにくい職務遂行の環境

（精神状況）にある。とくにその顕著な表れが「学者という研究者の世界」に多い。

クライスラーにおいて有効な内部統制が整備され、かつ、有効に機能するようになっていなかった理由について、本書は「クライスラーの品質管理問題をこうも深刻にしてしまった原因は、永年にわたって行われてきた人員削減策、つまり、ライン部門についていない人間をまず真っ先に切るといったクライスラーのやり方にあった。しかも、このやり方の犠牲になったのが、品質管理担当の人たちであった」ことをひとつの理由に挙げているが、企業がリストラを行う場合、まず間接部門（スタッフ）の人員から始めることが多い。間接部門の一部は頭脳集団であって当該企業の財務・人事・渉外をはじめとする機能集団であり、広い意味では「品質管理」（在庫管理と受入、払出等の関連職務を含む）も同様に重要な職務である。そのため一般的な傾向として、リストラは企業の体力を想定以上に脆弱化させていく。品質管理担当者の職能の軽視は、財産の有効活用を軽視しているのに等しいことを理解すべきである。話を進めると「販売部門が抱えていたもうひとつの厄介な問題は、クライスラー・リース会社であった。これもセールス・バンクの副産物のようなもので、車のリースをやることでセールス・バンクにたまっている車をはこうというものであった。（中略）クライスラーはすでに、セールス・バンクの在庫数をはるかに超える約7万台もの中古車を抱える破目になっていた。[15]」というほどの苦境に遭遇していた。

新車の販売を促進するために顧客の乗っている車を下取りする。その場合、新車の販売価格を維持するために、常時、下取車を高値で引き取ることが行われる。この下取車（中古車）の販売価格は市場価格を下回っていることになり、棚卸資産評価損の計上が必要になってくる。下取価格（取得価格）で計上しているとすれば資産の過大計上になる。このようなところにも不正会計の温床が潜在的に存在している。

経営者の勇気ある決断

財務諸表監査において「二重責任の原則」があり、財務諸表作成者としての「経営者の責任」が明確化されている。そこでは「経営者は、健全な会計方針の採用、適切で効果的な会計組織の維持、財産の保全、適正な財務諸表の作成を確実にする内部統制の設定について責任を有している。会計帳簿および財務諸表に反映すべき取引は、経営者の直接の認識および統制の範囲内にある事柄である。したがって『財務諸表の適正表示』は経営者の当然、かつ、不可欠の責任である。」とされている。[16]しかし、おそらく「経営者の不正会計と監査人の責任問題は永久の課題」であると考えている。東芝の不正会計（新聞報道等では「不適切会計」という用語を用いている）に見られるように、一部の経営者であるとしても、自覚されていない事件、事例がいくつもある。したがって不正会計が発生するたびに規制を強化しているが、それを無視し「開き直った経営者」がいる限り、最終的な解決にはいたらない。そのためには経営者に「高度な職業倫理観」が必要とされていることを意味している。

私個人としては「大多数の企業は適切な会計を行っているし、また、同様に監査人の監査も適切に行われている。そう理解している」が、不正会計はなくならない。そして不正会計事件が発覚するたびに、監査制度に批判が強まり、制度改革が行われ「監査の厳格化」が図られているのが現実である。そのような制度改革は別の弊害を生起させていることを、多くの人たちが「重要な専門家集団の近未来に暗雲を巻き起こしている」ことに気付いていない。気付いているのは、往年の公認会計士を含む一部の人たちである。しかしながら、かれらはすでに「改革の先導者としての立場から離れている人たち」である。問題とすべきことは「公認会計士の職業専門家の専門性（職人的技能、感覚）の埋没化（没個性化）を結果し、異常性取引、非経常的取引への研ぎ澄まされた察知感覚の喪失を生んでいる。[17]」という事実にある。監査手続のマニュアル化は「監査手続の標準化」を促進し、効率的監査の実施を促し、一定レベルの「監査の品質の確保」を維持することができるとしても、それ以上の監査技能の向上を抑止してしまう危険性がある。それを十分に理解した上で、利用すべきである。いずれにしても会計監査制度上、現在の公認会計士監査の信頼性の向上のために、会計監査人は「職業的懐疑心を持った監査」が求められているとされている。そして「職業的懐疑心の保持」は「監査人としての責任の遂行の基本は、職業専門家としての正当な注意を払うことにある。」とされている。

人間は「賢しさ」と「愚かさ」を兼ね備え持つ厄介な生き物である。過去の栄誉を棄却することができず不正会計にひた走る人たちがいる。そのような場合、いかに本道に立ち止まるかは、その人の勇気（正義「適切な経営意思決定」）の保持に依存する。人類史上において「不正」と「犯罪」が消滅することはない。ひとの心に「強い欲望」と「強い功利心」の根が張っている限り絶やすことはできない。そのために絶え間のない教育や精進、自己研鑽が必要とされる。企業経営において最も重要なことのひとつが「経営者の経営姿勢」にある。それは人間性ともいえるもので「経営者の職業倫理観」によるところ大といえる。経営者の職業倫理観が高い会社は「監査リスクの低い会社」という評価になる。それは監査人にとって「重要な監査要点」である。

企業が、正常にもしくは有効に機能・運営されていくためには、良い意味での「異分子（異見発言者）」が必要である。大規模組織において、通常、全員が同一の意見になることはない。異見があるのが当然で、それらの異見をも取り込んで「会議体としての意思決定」を行う必要がある。この異分子（業務執行者）は、自己の意見が受け入れられないからと言っ

表4－1　連結損益計算趨勢表

（単位：億円）

事業年度	18年3月	19年3月	20年3月	21年3月	22年3月	23年3月	24年3月	25年3月	26年3月	27年3月
事業期間	第140期	第141期	第142期	第143期	第144期	第145第	第146期	第147期	第148期	第149期
売上高	9,380	10,095	10,366	9,434	7,658	8,156	8,543	7,457	7,844	7,861
売上原価	6,877	7,508	7,801	7,247	5,739	5,862	6,291	5,552	5,900	5,694
売上総利益	2,503	2,587	2,564	2,186	1,919	2,293	2,252	1,905	1,943	2,166
販管費	1,736	1,836	1,912	2,006	1,784	1,808	1,911	1,781	1,762	1,775
営業利益	767	750	651	179	134	485	340	123	180	390
営業外収益	36	39	32	34	26	86	79	56	85	91
営業外費用	122	185	221	240	140	68	77	81	67	58
（内支払利息）	(69	(94	(108	(104	(57	(44	(48	(34	(33	(30
経常利益	681	604	463	△26	20	503	342	97	198	423
特別利益	17	110	88	22	94	41	29	23	91	9
特別損失	248	130	428	333	481	99	93	342	145	502
税等調整前	450	584	122	△339	△365	444	278	△221	145	△69
諸調整額	△202	△243	3	△90	9	△192	△158	△70	△61	△11
当期純利益	248	341	126	△429	△356	251	119	△291	83	△80

（注）1　単位未満を切り捨てて表示している。
2　税等調整前は，税金等調整前当期純利益である。
3　諸調整額は，法人税その他税金および少数株主利益である。

ても、取締役会が決定した経営意思決定には従わなければならないのは当然のことである。いわゆる監査人に要請される「精神的独立性」は、他人に依存せず、とらわれることなく、自己の意見を真摯に表明することであり「自己貫徹できる監査人の心情」をいう。経営者に求められる経営哲学（経営姿勢）の中での会計に関する事項に限っていえば、適切かつ信頼性のある財務諸表を作成（経営者の受託責任）し、公表（経営者の説明責任）することにある。前頁の表4―1は「株式会社帝人の株主総会招集通知書」に記載されている財務情報のすう勢比較を作表したものである。このすう勢表の「特別損失」を概観すると、リーマン・ショック等の影響を受けた業績ならびに生産拠点の海外移転等の構造改革の実行に伴う事業年度ごとに発生した費用を適切に処理しているものと推認される。「憂いを未来に持ち越さない」という経営哲学の表れであると考える。

不正会計の温床と経営者の経営姿勢

不正会計を犯す誘因は業績が悪化した場合に、それをいかに取り繕うかという誘惑に負けた「経営者の焦り」にある。最近とくに問題視されている企業経営の基礎的要請に「ＲＯＥ指標経営」と「業績連動型報酬制度」の導入がある。これらの経営指標は経営者に企業努力を促し、業績向上志向を求めるものであり「前向きな行動力学」が働く限り有用な経営行動指針である。しかし、そこには不正会計の潜在的誘因が潜んでいることを十分に理解しておかなければならない。経営者の背中を押していくものであるからである。いずれにしても「悪しきを排し、善しきを育む」ならば、経営業績の長期的展望が開けていくものと思われる。

先にクライスラーの話をしたので、あえてアメリカの自動車事業について触れていくことにする。参考書籍はデイビッド・ハルバースタムの『覇者の驕り』（訳書名）である。1980年初頭の時期、アメリカの産業界に「大きなジレンマ（経営の構造的問題）」が起きていた。「何かを製造すること、実際に何かを生産することは、コストが高くつき困難になった。それとともに、品質が低下している」という産業の構造的問題が起きていた。その主要な理由は「労働コストは高く、管理部門は肥大化しすぎていた。工業会社の経営者の中には、自動車の下にもぐりこんで修理したり、工場で働きながら製造工程を学んだことのある者はほとんどいなかった。アメリカ産業の基盤である工場の、機械や生産設備は古びていた。新しく産業時代に突入した国々、特にアジアの新興工業国は、容赦なく、競争相手として猛烈に迫って来ていた。[18]」という世界の自動車産業に構造的変改が起きていた。

日本とアメリカの労使関係の大きな相違に「共同意識の相違（差別的処遇）」がある。日本の経営者は現場に行くこと（作業衣着用）が多いし、また、現業部門と対話もするし、一緒に食事をすることもある。「現場の声を聴く」こともひとつの職務と考えている。しかしアメリカの経営者はそのようなことは一切しない傾向にある。人種問題もあるなど差別的処遇が行われているのが常態であるとされている。そのような労務環境においては「労使の共同意識」は芽生えない。フォード自動車の経営選択の誤りのひとつに「国際社会の潮流の変化」を読み間違えたことにも現れている。「第二次オイルショックの直前に、フォードは小型車をつくるべきところを大型車の製造を選択し、市場の動きとは逆の誤った方向に進んでしまった。[19]」ことなど経営者の経営方針に誤りがあった。

しかしこのような事態を招いたのは、トップの頑迷な思考体系に影響を受けている。「ヘンリー・フォードは、産業上の業績ではあらゆる局面で優位に立っているように見えたけど、結局、彼の強さは彼の弱さになった。悪名高い一例として、彼が自分のモデル車をあまりにも長い間変えなかったことがあげられる。工場では取りつかれたように技術的変化を追求していたのに、車そのものの技術的変化は無視していたのである。そもそも初めから、T型フォードを完全なものにしようとするあらゆる試みを撃退したのだった。（中略）以来30年間、フォードの車を改良したいと考えても、だれも石のように口をつぐむよりほかなかった。[20]」という経営者の経営姿勢に問題が隠されていた。

事業（ビジネス）には寿命がある。脱皮の繰り返しが行われている。日本の小売業界を見渡せばよく理解できる。百貨店の全盛時代が長く続いたあと、スーパーマーケット（チェーンストア）が台頭してきた。とくに大型のスーパーマーケット（ゼネラル・マーチャンダイジング・ストア「GMS」）の出現が百貨店の足元をすくい始めた。現在も一部の百貨店は健在であるが、たとえばそごうや西武のようにGMSの傘下に取り込まれている。百貨店とGMS自身も、過去は総合的な品揃えで強みを発揮してきた。しかし1990年代になるとより低価格の専門店が台頭してきたことによって、その存在意義（市場占有率）が薄れていった。家庭電気商品やカメラなどの一部の商品については、消費者は百貨店やGMSの店舗などでは購入しない時代になっている。とくにコンビニエンスストアの拡大が大きな力を発揮している。そして現在、総合スーパーマーケットは収益力の低下に悩まされている。

一方、コンビニエンスストアは収益性が高く利益拡大傾向にある。そのためイトーヨーカ堂なども、子会社のセブン・イレブンに利益獲得力で逆転されたことから経営統合を行い、セブン&アイホールディングスとして、そこにぶら下がるまでに落ち込んでいる。それでも収益力が改善されないことから、イトーヨーカ堂全店舗の20%にあたる40店舗を閉鎖する方針であると発表している。総合スーパーの2000年（平成12年）当時売上高で16兆円を超えていたものが、2014年（平成26年）には13兆円程度まで減少している（27・9・18）。このように時代は変遷している。歴史は常に変革している。そのため変革の停止（停滞）

は、世界の潮流から取り残されていくことを意味している。企業が着実に進歩していくためには「一定水準の競争社会」でないと先（未来）に進めない。そして過度な競争は共倒れを招くことになる。

しばし寄り道をしたので、ここら辺でアメリカの話に戻すことにしよう。その後アメリカの自動車業界にどのような業界変容が起きていたかというと、以下のような状況にあった。

「自動車業界ではビッグスリーがほぼ独占状態で、事実上市場を分けあい、別の企業が入り込むには金がかかり過ぎた。こうした状況のもとでは、権力は、通常は市場拡大の担い手ではあるが危険も背負っている製造部門から、すでに市場シェアが決まっている静的な業界で、利潤を最大にあげるノウハウを知っている財務部門に、着実に移っていった。自動車業界の競争は穏やかで、革新に向かう刺激がなかった。財務の人々にとって、革新は金がかかるだけでなく、不必要に思えた。国内外で技術者がディスクブレーキやラジアルタイヤ、燃料噴射といった画期的な発明をしても、デトロイトがこれを手に入れて標準装備やオプションにできるまでには、何年もの期間を必要とした[21]。」

このような自動車業界の構造的課題がある中で、フォードに経営問題ともいうべき大きな変調が起きていた。「フォード自動車会社は、沈滞した職場となりつつあった。生産の意欲、最良の最も近代的な車をつくろうという意欲は、利潤への意欲、利ザヤを最大にし、利潤と株価を上げようという意欲に、取って替わられつつあった。」が「商売が好調なだけに、管理部門が最も恐れたのはストライキだった」という。それだけでなく実際のところ「それに加えて、製造部門でも優秀な人物が減り、車をいじり、機械の肌ざわりを愛する人々が少なくなっていた」[22]ことに見られるように「車作りの職人の不在」という問題が発生してきた。自動車業界は化学産業と同様に装置産業であり、製造工程が標準化されていくことによって生産工程の効率化と生産性の向上が達成されていく。しかしその反面「生産工程の異常性」を聞き取る耳と目を持つ職人がいなくなっていった。

アメリカの自動車産業の共通な社会的現象として「旧来型企業は必然的に、将来を犠牲にしても現状を良く見せかけるために、短期的な対応を取ることになった。研究開発は金がかかり、利潤に食い込み、会社の帳簿上マイナスになるために削られた。労働コストは高くなる一方だったので、削減の対象となったのは常に施設の革新や製品、工場の保守であった。そうしたやり方は、フォードのような成熟した産業では特に厳しかったが、経済全体に及んでいた。」という社会的現象が蔓延していくと、将来の利益を犠牲にするだけでなく「現在の安心・安全な労働環境」を維持していくことが困難になってくる。また利益と株価の追求が厳しくなると「不正会計の潜在的リスク」を高めることにもなる。

バブル経済崩壊と金融機関の過剰融資の災い

これまで自動車会社の不正行為もしくは不正行為が発生する温床について触れてきた。不正行為等にはほとんどの場合「不正会計」が絡んでくるからであり、不正会計を未然に防止するためには「健全な財務情報」を作成し、利害関係者の利益を保護する必要があると考えているからである。ここらでひとつ金融機関についても触れておくことにする。なお日本の金融機関については、「判例研究」として拙著『監査人監査論』において、以下に列挙したような金融関係の「会計不正」について詳細に検討しているので、ここではその内容について記述することはしないが、あえて一言、二言、要点に触れておくことにする。

①　大和銀行NY支店の株主代表訴訟事件
②　山一證券の監査人損害賠償請求事件
③　北海道拓殖銀行の損害賠償請求事件
④　日本長期信用銀行の損害賠償請求事件
⑤　日本債券信用銀行の損害賠償請求事件

これらの訴訟事案は山一證券を除いて、すべて「経営者の経営責任」を問う訴訟事件である。判決の結果としては「巨額な損害賠償事件」とはならなかった、もしくは無罪になったことによって「経営者の重い経営責任」は問われることはなかった。しかし会計監査の視点から、もしくは善良な経営者の経営執行の観点から検討した場合の問題としては「はたしてそれでよかったのか」という大きな疑問が残された判決であったと考えている。

裁判における「判決文の趣旨」の本筋から離れて「会計監査上の問題」として取り上げてみると、そこには「意図された不正会計」が存在していたものと理解される。したがって会計監査人として「適切な監査手続」を実施したのか、また「適切な監査証拠」を入手したのか、疑われても致し方ない状況にあった。これらの事件に共通するひとつの問題点は「内部統制機能が十分に機能していなかった」ことや「経営者の独走的決断と行動を阻止する取締役が就任していなかった」ことなど、多々、問題点（企業統治上の改善必要事項）が存在していたことにある。ここでは以下の2つを例示として取り上げておくことにした。なおこれらの事件が発生した背景には、日本のバブル経済を引き起こした主要な原因ともされるべき「過剰融資（金融緩和）」があった。

特に「財テク」が横行し、銀行等の金融機関（ノンバンクを含む）が資金を提供して、証券会社が運用することが広範囲に行われていた。とくに目立ったケースとしては、銀行等が特定の会社に資金を融資してゴルフ場を造らせ、当該会社が発行するゴルフ会員券を銀行等が斡旋して売り捌いている。ゴルフ会員券購入者（とくに個人）にはその銀行等がローンを組んで融資する。そしてゴルフ場開発会社への融資金を回収するようなことが行われていた。また個人には、貸付用のマンションの購入を勧め融資していた。個人としては「損益通算」で課税所得を減額させ、所得税の還付金を受け取る楽しみを与えていた。しかしこのようなことは長続きしない。「バブル経済崩壊後の悲惨な経済的崩壊」を受けて、いずれの関係者も大きな被害を受け、場合によっては個人破産を起こさせている。現在、その後遺症の結果であるかどうかは別として、当時の会社名で営業していた銀行や証券会社等の金融機関が、経営破綻し、もしくは合併等を行ったことによって、ほとんど存在していないような状態となっている。そのような事態を起こした多くの事件の中で、その一因としての「金融行為のお粗末さ」について2つのケースをここに示しておきたい。

① 山一證券のケース

バブル経済が崩壊した後、取り上げられた重要な課題は、証券取引法第50条が「事前の元本保証」や「事前の利回り保証」を禁止していたが、「事後の損失補填」を禁止していたわけではないということにある。それらの行為は「契約当事者間の暗黙の合意」の中で行われていた。そして平成元年12月26日に「営業特金の解消を命じた大蔵省の通達」が出された時の対応が問題（企業生死の岐路）となった。

「大蔵省・証券局長名で出された通達『証券会社の営業姿勢の適正化及び証券事故の未然防止について』は『損失補填の禁止』と『営業特金の廃止』を迫った。その3日後の大納会の日である12月29日、東京証券取引所の日経平均株価は市場最高値の38、915円87銭をつけた。これを境に、翌年度の大発会の日から株価は暴落への道を直進していくことになる。それは、この通達が、営業特金による株式大量売却の連想を呼び、機関投資家による大量売りを生んだからである。また、他方で橋本内閣の下で「総量規制（金融規制）」を行ったことも重なって、地価と株価の下落を起こしている。

大手証券会社4社は、この通達を受けて、実行を迫られることになった。（中略）山一證券のとった対応は、全営業特金のうちの約半数（小規模企業中心）、全運用金額の約30％を整理したにすぎなかった。（中略）『飛ばしの構造』は複雑化し、山一證券の経営体は全体を正確に把握することが困難な状況になっていた。同時に、本部組織としてのモラルと規律が失われていった。[23]」

ここでは「取締役会の監視・監督機能」が機能していなかったほか、営業担当の第一線部隊の職員が「利回り保証等の財テク」などの取引に違和感を抱かず、当然の職務として従事していたとされる。また監査役監査と会計監査人監査において「大蔵省（現財務省）の通達」に対する証券会社の対応の在り方について、どのように監査要点（監査計画）の見直しあるいは追加の監査手続を行ったのか、重要な課題が残されている。経済情勢も企業環境も常に変化しているので、いつの時点においても「組織の最適化の検討」が必要である。葛西敬之（JR東海名誉会長）は日経『私の履歴書』の中で、入社当時、国鉄は「借金漬けの状態になっても組織内の危機感は薄く、問題を先送りするだけの再建計画が繰り返し作られていく。職場の規律は崩壊していた」（27・10・1）と当時の状況を語っている。いずれにしても国鉄は民営化して成功した事例であると考える。当時の国鉄は、いわゆる役所であり愛想の悪い執務状態であった。サービス業でありながら「サービス精神のない企業」であったが、民営化を契機として精神構造（接客態度）が良くなった。

② 北海道拓殖銀行千葉支店のケース

つぎのケースは北海道拓殖銀行千葉支店のケースであるが、以下のような不良貸付事件が発生した背景には、都市銀行（当時14行があった）としての「拓銀の焦り」があったものと考える。北海道を地盤とする拓銀が地方銀行の埼玉銀行や横浜銀行に追い抜かれていくような地盤沈下があって、北海道を営業圏としている限り、さらに格差（経営体力）が拡大していくという恐れがあって、東京圏に進出していく必要に迫られていた。「営業優先の拡大戦略」の前では審査部門（貸付の入口業務）と検査部門（貸付の出口業務）の職務が内部統制機能の脇に追いやられていくことになった。慎重な経営姿勢を取っている銀行にあって、無謀な貸付が行われていった。これは不正会計というよりも「経営者の善管注意義務違反」に相当する行為と判断される。

事件の概況は「平成元年11月22日、拓銀千葉支店では、かねてより取引のあった丙から、栄木不動産振り出しの他店小切手7億5千万円を持ち込まれ、その小切手を交換に回す前に丙の口座に同額を入金するいわゆる「他券過振り」を行った。（中略）その後も、千葉支店では、他券過振りを重ねていた。そして、平成2年2月21日時点では、他券過振りの総額は48億4千万円に達していた。しかし、保全のための措置は何ら採られていなかった。この過振り金は、丙と栄木不動産が行っていた『株の仕手戦』に投じられていた。」という有様であった。

その上問題とされるべき事項として「CとD（筆者注：拓銀の経営管理者）は、平成2年2月21日までに報告を受け、過振りについて認識した。その上で、Dは不動産鑑定士である戊《つちのえ》に、栄木不動産所有の不動産12物件について鑑定を依頼した。この際、Dは、①机上鑑定でよいから2日あまりで鑑定結果を出してほしいことと、②更地評価でよいこと等の依頼条件を伝えている。そして、2月24日、戊はDに、電話で本件不動産の評価額は合計で約155億円であるという鑑定結果を報告した。（中略）2月26日、AとEが参加した会議において、栄木不動産に対し、過振相当額の48億4千万円を手形貸付により融資するとともに、上限20億円を追加融資することが決定された。（中略）平成3年2月22日、資金が枯渇した栄木不動産は和議開始の申し立てを行い、事実上倒産した。手形貸付48億4千万円は返済されず不良債権となった。[24]」という思いもよらない不適切な融資が行われていた。あまりにもずさんな金融行為である。

ロイヤル・バンク・オブ・スコットランドの破綻

本件訴訟事件についてはこれくらいにして、先に進むことにする。

まずイギリスの銀行に触れておくと、参考書籍の『世界最大の銀行を破綻させた男たち』（訳書名）は、ロイヤル・バンク・オブ・スコットランド（RBS）が世界最大の銀行となったが「悪魔のように破綻した大事件」として取り上げている。RBSは「281年に及ぶ同行の歴史の大半は健全なものであった。健康的な企業文化は用心深い金融姿勢により保たれていた」[25]が、時勢の流れで変化していった。1985年の時期は「組織はあまりに旧態依然としており、夢の実現が厳しい」状態にあった。そのような構造的環境もあって「ロイヤル・バンクは、のろまで、堅く、洗練さを欠いていた。収益はひどいものであった」うえに「基幹ビジネスがあまりにも古びてしまって崩壊あるいは買収の対象になりかねない」までに追い込まれていた。そして1990年11月の取締役会で、半数以上の取締役が解任された。たまたまこの11月22日は、マーガレット・サッチャー首相が辞任した日でもある[26]。

フレッド・グッドウィンは、公認会計士になる希望を持ってトゥシユ・ロス会計事務所に入所した。この事務所はのちにデロイトと合併する。彼の会計事務所の勤務時間は長く、「社内政治の才能」が要求されたが、彼はそれを克服していった。そして「会計の仕事は彼に銀行破綻の事後処理の経験を与えた。1991年、バンク・オブ・クレジット・アンド・コマース・インターナショナル（BCCI）が破たんした際、デロイト・アンド・オブ・トウシュは管財人に指名されている。グッドウィンは、その任に当たり、債権保全のための中東、欧州、米州の各チームを指揮した。」のである[27]。それらを含むいくつかの功績が認められ、後にグッドウィンはロイヤル・バンク社長のマシューソンに請われて副社長として就任する。まずここではBCCIの巨額金融事件に触れておくと「1991年（平成3年）夏に持ち上がったBCCI（国際信用商業銀行）をめぐるスキャンダルは、たった1人の策略家による巧妙な詐欺であった。多くの金融スキャンダルのなかでも、２００億ドルに上る経済が破たんをきたした。ＢＣＣＩは歴史上稀にみる一大犯罪組織であり、途方もなく大がかりな不正資金浄化《マネーロンダリング》をやってのけた[28]」事件で、世界に大きな影響を与えた金融（詐欺）事件であった。

イングランドのナットウエストは長い間、混乱をきたしていた。同社の投資銀行部門は、イングランド銀行から8億３、７００万ポンドの資本申し出を騙し取っていたとして非難された。ナットウエストは巨大である。資産規模は１、８６０億ポンド、社員数６４、４００人、支店数１、７３０店である。他方、ロイヤル・バンクは資産規模７５０億ポンド、社員数２２、０００人、支店は６５０店であった。しかし、グッドウィンは強く戦闘的であり、自信に満ちていた。グッドウィンの意向に沿って、ロイヤル・バンクはナットウエストを買収（敵対的買収）した[29]。２００３年3月、グッドウィンは社長に就任し、マシューソンが副会長になった。会長はヤンガーである。グッドウィン42歳の時である。企業買収にはリストラ（事業の再構築）は付きものである。そして被買収会社の１８、０００人が職を失った[30]。

グッドウィンはこれを契機に、積極的な展開をしていくことになる。まずグッドウィンはナットウエストの統合で大成功を収めたため、拡大のためのさらなる買収を熱望するようになっていた。アメリカの不動産と住宅ローン融資が伸びるにつれ、アメリカは最適な場所と思われたことから、RBSの子会社であるシチズンズを通して近隣の小さな銀行の買収を次々と行っていった。

拡大戦略を続けていくと必ずどこかに綻《ほころび》が生まれる。一番の問題は「優良な人財（人材）の不足」と「指揮命令の十分な伝達と報告」と「情報の正確な収集と分析」などに関してである。M&Aなどによる急激な（業容）拡大は、旧会社別もしくは部門別の「企業風土や業務環境の相違」が存在することなどから横断的戦略を考察し、各人がその戦略と必要な情報を共有できていないなどの問題が発生してくるのが、歴史の教えている事実である。そのような経営上の問題が発生しているにもかかわらず、RBSは「英国の主要空港の買収を目的に150億ポンドの融資をアレンジした。[31]」ことからRBSの潜在的リスクが指摘されていた。

銀行が合併を行って巨大化していくにつれ「銀行業務の複雑化」が拡大化していった。規制当局は「国内の銀行を監督し国際的な合意がシステムの安定化」をもたらすと期待していたが、むしろ規制当局の立場を困難にしていった。トライパーティー・システムが確立されたことによってイングランド銀行が伝統的な銀行に対する規制監督権限を失うことになった。このシステムにより日々の監視のために金融サービス機構（FSA）が設立された。[32] この結果、銀行の拡大化に反してそれへの対応（監視・監督機能）が弱体化していった。

また会計事務所の会計監査も牽制機能のひとつを担うことになっていたが、そこには会計事務所の維持すなわち「収益の拡大化」の観点からの矛盾が内包していた。RBSを監査していたデロイトはグッドウィンの出身母体である。「2000年の契約開始時のデロイトの手数料は550万ポンドであったが、ロイヤル・バンクが拡大しその構造が複雑になるにつれ、この会計事務所もより稼げるようになっていった。2006年、契約は990万ポンドとなり、2008年には3,860万ポンドとなった。また、監査手数料に加えて、デロイトは税務やコーポレート・ファイナンスのアドバイザー料を手にしていた。2008年、その額は2,010万ポンドに達した。金融危機の年だけで、デロイトとグッドウィンとの関係は5,900万ポンドとなっていたことになる。[33]」という具合で、エンロンと似たような経済取引（非監査業務）が重要な会計事務所の報酬となっていた。

2007年10月、RBSはオランダに本社があるABNアムロを買収した。その結果、バランスシートは大幅に拡大した。2004年の末に5,880億ポンドであったものが1兆9,000億ポンドに膨張していた。その額は、イギリスの総生産高より少なくとも4,000億ポンド大きい金額であった。RBSは資産規模で世界最大の銀行になった。ここに落とし穴があった。ABNアムロが大量のジャンク債を抱えていたことが判明したからである。また問題とされるべきこととして、グッドウィンがABNアムロを買収した資金の大半が短期資金であったことにある。これによって世界的に資金繰りが苦境に陥ってしまった。ともかくRBSはABNアムロを買収したことによって、自己資本比率が4％以下に低下していた。さらにこれまでRBSとABNアムロのいずれとも取引のあった顧客（預金者）が、銀行が1つになったことによって預金総額を引き下げた結果、全体としての預金総額が減少した。資金流失が起きてしまったのである。法人顧客は1ヵ所に大金を置くことを望まなかったからである。(34)

この時期は、世界の金融業界が脆弱化していった時期である。9月15日にリーマン・ブラザーズが破綻した際、新たにグローバルなパニックと破綻の連鎖が起こった。AIG（アメリカの保険会社）、アイスランデック・バンク、アメリカのワシントン・ミューチュアル、イギリスのブラッドフォード・ビングレーが破綻または救済されたという金融恐慌が起きていた。取締役会の監視、監督機能について言及すれば、RBSの取締役会メンバーも厄介な立場に置かれていた。「彼らはグッドウィンの拡張路線に同意し、ABNアムロの買収を黙認し、英国企業史で最大の破綻に積極的に関与していた。」からである。その背景には、彼らが十分な報酬を手にしていたことにある。その報酬の額は金融界の上層部ではあまりにも高額であったため、その受給者をして問題を提起するインセンティブを持たせなかったのである。(35)

崩壊のスピードはかなり速く、流動性は枯渇していった。そして国の救済を受けることになった。政府はＲＢＳに２００億ポンドを出資し63％の所有者になり、ロイズとＨＢＯＳは１７０億ポンドを出資し新合併会社の41％の所有者になった。「その後、英国政府はさらに何億もの国民の税金をロイヤル・バンクに注ぎ込まなければならなくなった。」が、「最終的に、納税者は総額４５２億ポンドを注ぎ込みＲＢＳの82％の所有者になった。」のである。そしてＲＢＳの不良債権は３、２５０億ポンドに膨れ上がっていた。当該書籍の著者は「責任を取るべきは、傲慢な社長、弱い役員、務めを果たさなかった取締役会、無能な監査法人、無気力な株主、看過した規制当局、そして、舵を取っている船は沈まないとの幻想にとらわれた破滅的な大蔵大臣らである。[36]」と強い批判を行っている。

２　コーポレートガバナンス

コーポレートガバナンス・コードの原点

平成25年６月に「閣議決定」された『日本再興戦略』で「スチュワードシップ・コード」を策定することが決定された。それを受けて金融庁が設置した「日本版スチュワードシップ・コードに関する有識者検討会」は、平成26年２月26日、「『責任ある機関投資家』の諸原則《日本版スチュワードシップ・コード》～投資と対話を通じて企業の持続的成長を促すために〜」（以下「本コード」という。）を確定し、公表した。

本コードの対象となる機関投資家は、基本的には「日本の上場株式に投資する機関投資家」であるから、機関投資家の本社が日本か海外かにかかわらずその対象になっている。「ただし、本コードを受け入れる機関投資家は、機関投資家の裁量とされていて、海外の機関投資家がわざわざ受入れ表明することは考えにくい。」という意見がある。一方「本コードを受け入れる機関投資家は、受入れ表明と合わせて、スチュワードシップ責任を果たすための方針等を公表することが予定されている。」ことから「営業戦略の観点からすると、資産運用者としての業務を行う信託銀行、投資顧問会社、投資信託会社といった機関投資家にとっては、事実上の義務づけにも等しい。[37]」とされている。

本コードが策定した基本原則は以下の「7原則」である。

① 「基本方針」を策定し、これを公表すべきこと
② 「利益相反」を適切に管理すべきこと
③ 投資先企業の状況を的確に把握すべきこと
④ 建設的な対話を通じて投資先企業と認識を共有し、問題の改善に努めるべきこと
⑤ 「議決権行使」の方針と行使結果を公表すべきこと

⑥　顧客・受益者に対して定期的に報告を行うべきこと
⑦　投資先企業に関する深い理解に基づき、適切な対話と判断を行うべきこと

この中で、とくに②の「利益相反取引」は、小規模な上場会社で創業者が経営者である会社のような場合「重要な監視すべき事項」となっている。公私混同が行われているケースがあり、上場会社の形態（内部統制システムを含む組織体制）を成していないことなどがある。会計監査上も厄介な問題で、「経営者の倫理・モラル」を慎重に評価していく必要がある事項である。また④については、機関投資家から前向きな行為があるとしても、最近の傾向としては、大規模な上場会社の一般的な企業行動としてＩＲ活動と共に「現在および将来の投資家への説明」とともに機関投資家への定期的な説明を行っている。

平成26年６月に「閣議決定」された『「日本再興戦略」改訂２０１４』で「コーポレートガバナンス・コード」を策定することが決定された。この改訂版『日本再興戦略』の中の「基本的要請（主題）」は、下記のとおりである。「第一Ⅱ改訂戦略における鍵となる政策の１（１）企業が変わる」の項（コーポレートガバナンスの強化）では「日本企業の『稼ぐ力』、すなわち中長期的な収益性・生産性を高め、その果実を広く国民（家計）に均てん（筆者注：「均霑」平等に利益や恩恵を受けること）させるには何が必要か。まずは、コーポ

レートガバナンスの強化により、経営者のマインドを変革し、グローバル水準のＲＯＥの達成等を一つの目安に、グローバル競争に打ち勝つ攻めの経営判断を後押しする仕組みを強化していくことが重要である。特に、数年ぶりの好決算を実現した企業については、内部留保を貯め込むのではなく、新規の設備投資や、大胆な事業再編、Ｍ＆Ａなど積極的に活用していくことが期待される。」と説明している。ここで問題とされていることは、過去「コーポレートガバナンスの強化の主要な命題」は消極的な経営方針を勧告しており、企業の不正行為や犯罪行為、たとえば諸種のハラスメントの予防・抑止に関する「諸種の仕組みの構築とその有効な運用」を求めるものであった。今回の主題は「積極的な企業行動」を求めるものであり、日本経済の長期にわたる低成長からの脱皮を図り、最終的には企業をして「日本経済の成長」を図ろうとするものである。そのことが「中長期的な収益性・生産性」を高めることによって、広く国民（家計）の所得（消費）購買力の強化を図るというものである。

しかし「内部留保を貯め込むのではなく、新規の設備投資や、大胆な事業再編、Ｍ＆Ａなど積極的に活用していくことが期待される」としているが、とくにバブル経済崩壊後の長期デフレ経済期を経て、日本企業の多くの生産設備は老朽化している。そのため「新規の設備投資」は更新を含め当然に必要なこと（意思決定）ではあるが、日本経済の現在の消費購買力は低下しており「需給差異が解消していない」ので、新規の設備投資による「生産物の売り行き動向に自信がない」のが現実的な見方である。この社会的背景には「少子高齢化社会」と「人口減少国家」の出現がある。その解消なくして前進（上昇気流）は望めない。

日本企業の多くの生産設備が老朽化している事実は、日本経済の収益性や競争力の観点から考えると喫緊の課題である。国民の消費購買力が低いままであることから、多くの日本の企業は為替の円安の影響で、多少は国内復帰の兆しが見えてきたとしても、比重から見ると「生産拠点の海外移転」は相対的に強い（企業の基本的戦略）のが現実である。その背景としては、コストダウン（支出の費用対効果）の観点から、「地産地消」の経営方針が大きく変わっていく様子は見られないことにある。

日本国土の有用性の観点から観ると、現在、比較的重要な課題は、企業の生産設備の老朽化対策と同様に上下水道設備を含むインフラの整備の老朽化対策である。その補修と整備が進んでいかないと、企業活動にも大きな影響が出てくる。とくに道路や港湾などの整備・拡充が求められている。いずれにしても平成26年6月の「閣議決定」を受けて、平成27年3月5日、金融庁および東京証券取引所に設置された「コーポレートガバナンス・コードの策定に関する有識者会議」において「コーポレートガバナンス・コード原案～会社の持続的な成長と中長期的な企業価値の向上のために～」（以下「本コード原案」という）が策定・公表され、平成27年6月から適用開始とされた。

スチュワードシップ・コードとコーポレートガバナンス・コードの概要を対比すると、スチュワードシップ・コードは、①「機関投資家の行動原則」と②「資金の最終的な拠出者（投資委託者）に対する説明責任」を規制しているものである。他方、コーポレートガバナンス・コードは、①「企業の行動原則」と②「株主やステークホルダーに対する説明責任」を規制（要請）しているところに大きな相違（関係）がある。コーポレートガバナンス・コードは、法令のように一律の義務を課すのではなく「原則を実施するか、実施しない場合には、その理由を説明するか」を求める手法を採用している。このコードにおいては「情報の開示」に関する規定が重視されている。たとえば「基本原則3」では「上場会社は、会社の財政状態・経営成績等の財務情報や、経営戦略・経営課題、リスクやガバナンスに係る情報等の非財務情報について、法令に基づく開示を適切に行うとともに、法令に基づく開示以外の情報提供にも主体的に取り組むべきである。その際、取締役会は、開示・提供される情報が株主との間で建設的な対話を行う上での基盤となることを踏まえ、そうした情報（とりわけ非財務情報）が、正確で利用者にとって分かりやすく、情報として有用性の高いものとなるようにすべきである。」との規定（要請）をおいている。

コーポレートガバナンス・コードの解釈

コーポレートガバナンス・コードに関していえば、とくに先進諸国の中で「コーポレートガバナンス・コードがないのは米国と日本だけ」であり「スチュワードシップ・コードとコーポレートガバナンス・コードが両方そろうことになりますと、今や日本は英国と並ぶだけの枠組みはできた[38]」ということになる。なお日本版コーポレートガバナンス・コードを策定するにあたっては「OECD原則はもとより、主要各国のコーポレートガバナンスに係るコードや原則の詳細な調査・分析を踏まえて、検討[39]」して策定したものである。

日本のコーポレートガバナンス・コードを策定するにあたって検討の対象とされたひとつはイギリスであるが、2010年以降イギリスは、コーポレートガバナンス・コードとスチュワードシップ・コードを独立させる方針をとり、現在は2本立てとなっている。しかも「英国は慎重な態度をとっており、よいコーポレートガバナンスが必ず企業価値の向上や国の経済の発展に結びつくということは断言しておらず、コードの直接的目的をまずは質の高いコーポレートガバナンスの実施に限定」しているということである。神作裕之は、日本版コードの特徴として、①「企業経営上のリスクテイクに係る意思決定の側面を強調していること」と②「経営者と株主の対話を期待していること」および③「中長期保有株主重視の観点を打ち出していること[40]」を挙げている。

中長期目線の株主・投資家にとってのガバナンスの重要性が謳われており、この趣旨は「自社の持続的成長、中長期的な収益性・生産性向上のために企業側に求められる中長期的なシステム・体制がガバナンス・システム」であり、「株主・投資家の中のガバナンスの維持・向上を最も強く期待しておりかつ辛抱強く持つことができるのは中長期目線の株主・投資家[11]」ということになる。株主にとって「株主であることの有用性」がどこにあるのか、一般的な傾向としては、個人株主は最近「株主優待」にも関心を向けているようであるが、法人株主の場合はあくまでも「持続的な成長（配当と株価）」にある。

また武井一浩は「コーポレートガバナンスの有用性の発揮」の観点から「ガバナンス・コードを踏まえた取締役会の機能性と自己評価」の中で「取締役会の自己評価」について「これは取締役会としての機能性について自己分析を行うわけですが、①取締役会の運営方法、②重要な事項が適切に準備され議論されているのか（決議事項や審議事項の適切性等）、③取締役会の議論における生産性・創造性、④各取締役の参加状況・貢献状況等が、分析対象事項として挙げられます。取締役会が中長期的な企業価値向上のためにどういった機能を果たすのかの役割づけがまず会社としてあって、その状況について自己分析（著者注：自己評価）するという内容です。[12]」と記述している。

現実的な対応としては「問題解決の高い課題」だと考える。たとえば②（決議事項や審議事項の適切性等）について言及すれば、取締役会で決議もしくは審議すべき事項があるにもかかわらず、取締役会に上程されてこない事項を社外取締役がどのように把握することができるのか、大きな疑問があるからである。そのような場合、各取締役は会社の一般的事項を把握しておいて、決議事項や審議事項が少ない場合もしくは社会的・経済的状況からいって、あるべき議題が上程されてこないような場合、上程されるべき事項の中で「取締役会で決議もしくは審議すべき事項があるかどうかについて質すべき」であり、または説明を求めるべきである。そこには「取締役会の開催時間」が短時間であるような場合も含まれる。会社の業務の執行ならびに資金収支（資金の調達と運用＝キャッシュ・フロー）などに関連して、多くの決議事項や審議事項があると考えられるからである。なお付言しておけば、「日本人の体質」としての一般的傾向としては「自己評価」と「他人評価」は苦手な人種であることを勘案すると、「取締役自体その体質の変革が求められている」というべきである。

先に触れた「コード原案」を受けて、東京証券取引所は上場規則を改正して「コーポレートガバナンス・コード～会社の持続的な成長と中長期的な企業価値の向上のために～」（以下「本コード」という）を、平成27年5月13日、公表した。本コードはすでに平成27年6月1日から東証一部上場会社、同二部上場会社、ＪＡＳＤＡＱ上場会社およびマザーズ上場会社に適用されている。なお、本コードの内容にはコード原案の内容から変更はなかった。さらに日本取締役協会（以下「協会」という。）は、平成27年4月20日付で「コーポレートガバナンスに関する基本方針ベスト・プラクティス・モデル（２０１５）」（以下「協会モデル」という）を公表している。

この協会モデルに関連した解説（実務対応）の中では「協会モデル９条は、取締役会が効率的かつ実効的なコーポレートガバナンスの実現を通じて、会社の持続的成長、長期的な企業価値の最大化を図ることについて責任を負うことならびに取締役会が経営全般に対する監督機能を発揮して経営の公正性・透明性を確保するとともに、経営陣の指名、評価およびその報酬の決定等を通じて最善の意思決定を行うことを定めている。」との説明がある。

この解説では「協会モデル11条1項は、取締役会議長は代表権を持たない非業務執行取締役が務めるものとしている」こと、また「将来的には、英国のように、取締役会議長を社外取締役が務めることも考え得る」[43]ことと記述している。確かに取締役会議長を務める者が非業務執行取締役であることは妥当ではあるが、当該非業務執行取締役が前年まで業務執行代表取締役であった場合、企業の業績が「過去の経営意思決定の結果」を現していることから考えると、そして取締役会の審議事項のひとつが「企業業績の評価」であるとすれば、自己の意思決定とその結果（業績）を評価することでもあり、部分的に「利益相反の関係」にあることから、むしろ社外取締役が務めることの方が透明性が高いことになると考える。その意味では、上記の後者の方向性も十分検討する余地があるものと考える。

しかし現況において、業務執行代表取締役が非業務執行取締役に就任した時点から、企業内情報の入手経路が大幅に狭まってくるため、適時適切に現業部門の統括責任者とコミュニケーションを図ることが重要な職務となってくる。そのような関係から推認すると、社外取締役が取締役会議長を務めることの難しさがある。要は「ヒト（心意気）」であるとしても、当該企業の業務内容を十分かつ適切に理解した上で、適切に重要な審議事項を提示させ得る取締役会議長を選任することの難しさがある。

さらに取締役会議長の役割について「協会モデル11条2項は、取締役会議長は、取締役会の議論の質を高め、取締役会が効果的かつ効率的に運用できるように努めるものとしている(11)」というが、効果的かつ効率的に運営されるべき状況は「十分かつ適切な審議を行うことができる仕組みを作ること」がまず重要なことである。これが「十分要件」である。その前にまずどのようなヒトを選任させ得るかという「必要要件」を充足させる必要がある。そして出席者全員が活発に意見を交換（審議）することができるように十分かつ適切な情報（主として財務情報、資金調達や設備投資などを含む）を提示することが肝要である。

コーポレートガバナンスと取締役会の役割と責任

『旬刊商事法務』が「社外取締役の役割を踏まえた取締役会運営」と題して主要な会社の「取締役会の運営の状況」を連載している。取り上げられた会社は、①小松製作所、②日立製作所、③ソニー、④コニカミノルタおよび⑤旭硝子の5社である。

筆者は『会計不正と監査人の監査責任』の中で「取締役の監視責任」に関連して、歴史的変遷を踏まえて以下のように述べている(45)。

「日本における最近の傾向として、一部の人たちに複数の会社の取締役に就任している者がいたとしても、かつてのような取引先の取締役を取締役に選任する傾向は薄れてきた。従来は、取引(営業行為)の延長としての選任であったが、『会社法上の社外取締役』よりも、より厳しい枠を設定し、透明性の高い『独立社外取締役』を選任する傾向が強くなってきている。その限りでは、オリンパスや大王製紙の事件を契機として、会社法の改正案が公表されているが、この取引先の取締役も従来の社外取締役を容認することになっている。両者は『利益相反の関係』にあるので、独立社外取締役としては問題があり、したがって新会社法において『社外取締役』として容認するのは、改革としては否定的に理解している。あくまでも『社内取締役』の位置づけでよいのではないかと考えている。いずれにしても、最近、利益相反の関係にある会社間の取締役、監査役の選任は避ける傾向にある。」

① 小松製作所(46)

小松製作所の取締役専務執行役員CFOは「現在の社外取締役のバックグランドは、銀行・金融の経営者、品質管理の専門家、企業経営者でマーケティングサイドに詳しい」人、3人を選任していると説明している。小松製作所には「コマツウェイという心構えや行動様式」を記載した文章があり「ガバナンスの中核機関は取締役会」であると定めている。社外取締役に求めている資質（適正評価）は、①「常識があって良識のある方」、②「適切なご発言ができるような方」を資格要件としているとのことである。ただし、この要件では非常に抽象的であるが、上記の3人の就任者から考えると実際の資格要件の適用範囲が狭まってくるので適任者は限られてくると思われる。

取締役会は、決算取締役会を含め年15回の開催で、要する時間は3時間～5時間、通常5時間程度である。社外取締役の報酬は基本的には月額の固定報酬と業績連動報酬の2本立てで、3人の合計金額が5、200万円となっており、基本報酬額は4、000万円、1人当たり年額1、700万円強であるという説明である。しかし社外取締役は、非業務執行取締役であるから、直接企業業績に関係がないので、通常もしくは他社の事例でみると、業績連動報酬や賞与はなく、固定報酬のみである。発言の結果が業績によい影響を与えることがあったとしても、それを採用し行動するのはあくまでも業務執行取締役であり、執行の責任を負うのも業務執行取締役である。社外監査役は３人で、年額合計報酬額は４、５００万円、月額の固定報酬のみである。

② 日立製作所[17]

説明の要点を箇条書でまとめると、以下のように表すことができる。

ア 当社は委員会設置会社ですので、もともと個別の業務執行とその決定権限は取締役会から執行役に大幅に移譲していること

イ 会社の中長期的な戦略を決定する取締役会の機能の強化を図ってきており、中期経営計画についても策定の段階から十分に関与していただいていること

ウ 海外にも取締役がいるため、タブレット型の端末を各取締役に配布した上で、電子的に配信していること

エ 社外取締役の資質は人格・見識に優れた人で会社経営、法曹、行政、会計、教育等の分野で指導的役割を務めたような人

オ　取締役会におけるダイバーシティを考慮していて、外国人、女性等多様な視点で経営を監督していただけるように考えていること

カ　取締役会の開催時間はだいたい午前中一杯で、監査委員会や他の委員会を同日に開催する場合には、1日いていただくこと

キ　社外取締役の報酬は固定制で、1人当り年額2,200万円程度であること

ク　指名委員会が決めるのは取締役の選任議案で、社長の指名については指名委員会以外の社外取締役の意見も事前にうかがう機会を設けるようにしていること

ケ　監査委員長は社内出身者を常勤とし、これまでは当社で財務部門のトップまたはそれに近い職歴の者が執行役退任後就任していること、並びに監査委員長は経営会議に出席していること

③　ソニー(48)

説明の要点を箇条書でまとめると、以下のように表すことができる。

ア　社外取締役の方には、透明性の高い機関設定の中で経営陣から独立した立場から執行役の業務執行をきちんと監査・モニターしていただくということが最も重要と考えていること

イ　取締役会の開催は年間9～10回ぐらいで、時間は長いときで7～8時間、短いときで3～4時間程度であること

ウ　社外取締役の報酬は、月額の固定金額と株式退職金を支給しており、1人当り年額1、100万円程度であること

エ　社外取締役の定年・在任期間については、6年を一つの区切りとしているが、延長を認めており9年が最長になっていること

オ　取締役会の議長はルール上、代表執行役と分離することにしており、これまで社外取締役が務めていたこと

カ　指名委員会は法律で定められている範囲に沿って取締役候補者の指名を行うことが原則で、社長後継者の検討はしていないこと

（注）会社の人事で最も重要なことは「社長の人事」であるから、ここでは「人事の透明性」を欠いていることになる。委員会設置会社制度の採用会社が少ない大きな理由は「社長が自分の後継者を指名できないこと」にあることを良く考える必要がある。(49)

キ　取締役会では、年度事業計画や3年程度見据えた中期経営計画の審議や承認を行っていること

④ コニカミノルタ(50)

コニカミノルタの「社外取締役の具体的な役割と期待」を簡潔にいえば「経営監督機能の強化」と「意思決定の迅速化」および「意思決定の高度化」であり、取締役会が機能するように「執行役の社長は常に取締役会に対して説明責任」を果たすように努めている。社外取締役の資格要件は、原則として「大会社の社長経験者」である。その要件の基礎（評価基準）に「経営における基本的判断能力」や「先見性」および「洞察力」の保持がある。

社外取締役の具体的な貢献としては「写真・カメラ事業の撤退」、「中期経営計画の策定機関へのアドバイス」、「社外取締役の選定における関与」にある。社外取締役の就任期間は原則として4年で、報酬は固定金額で年間1人当り約1、000万円である。コニカミノルタでは「指名委員会は社長の指名は行いません。社長の選定は取締役会決議事項です。」との説明であるが、社長候補者が1人である場合、社内情報に疎い社外取締役が社長候補者以外の社長候補適任者の存在を十分に知り得る立場にないので、妥当性、透明性、経営能力などの視点からどこまで適切な判断ができるのか疑問が残る仕組みであると思われる。またこれに続いて、コニカミノルタでは「GEあるいは帝人がしているようなレベルまでは当社はしていません。」と説明している。

多分これは社長の選任方法についての発言であると思われるので、ひとつ付言しておくと、帝人の場合、社長候補の選任は、アドバイザリーボードの専決事項である。アドバイザリーボードは会長、社長、社外取締役および外国の委員（主として欧州とアメリカ）から構成されている組織である。アドバイザリーボードの前で、数人の社長候補者がプレゼンテイションを行い、その評価の結果が取締役会に議案（社長候補者）として上程されるという手続きになっている。

⑤　旭ガラス(51)

説明の要点を箇条書でまとめると、以下のように表すことができる。

ア　社外取締役の役割は、具体的な一人ひとりの「経験や知見（知験）」を活用させていただきたいこと

イ　社外取締役の具体的な資質ということでは、新興国などや国際的な経験といったものを非常に重要視していること

ウ　社外取締役の活動時間は原則として月に1回の開催で、1回当り3～4時間、通常、9時～12時まで、時には延長して13時まで行っていること、ならびに社外取締役が来るのは取締役会の日であること

エ　社外取締役の報酬は基本的に固定報酬のみで1人当り年額1、500万円であること、

オ　非常勤社外監査役と比較すると社外取締役の報酬のほうが少し高くなっていること

カ　取締役会の議長は社外取締役が務めていること、なお任意の機関として報酬委員会と指名委員会を設けていること

キ　社長の在任期間あるいは定年についてはとくに定めはなく、社長退任後はこれまでの例では会長を4～5年務めるケースが多いこと

ク　現在取締役は7名で、うち3名が社外取締役である。社内取締役は社長を除くと3名であり、ひとつの原則としては、技術の責任者と財務・経理の責任者が取締役に就任していること

ケ　執行役員の中には女性はいないが、平成26年3月の株主総会で女性の社外取締役を1名選任することにしたこと

コ　監査等委員会設置会社を採用する予定がないこと

女性役員の登用と期待

コーポレートガバナンスの視点から検討した場合、女性の取締役、監査役ならびに上層管理者の役割が増している。そして活躍している女性が増加しているが、男性との比較から見ると、まだほんのわずかであることがわかる。少子高齢化の社会環境にあって、労働不足を

補足するという消極的な考えではなく、女性の知識や経験を活かすこと、とくに「その持つ能力を積極的に活用すること」が重要な課題となってきている。それは世界的な潮流である。とくに欧米は、日本よりも早くからその活用に道を開いてきた。これまでの日本において、その埋もれた、生かしきれてこなかった経済的損失は大きい。弁護士、医師などの「士業の世界」では、比較的活躍している女性が多いとされてきたが、現実を見ると、資格を有してはいるが、業務に従事していない女性が意外に多いことに気付くことがある。「学歴別就業率を国際比較すると、日本は先進国のなかで大学卒女性の就業率が著しく低い」事実が、経済協力開発機構（OECD）の報告書に記載されている。それによると「日本女性の就業率は69％で、OECD平均の80％を下回っている」ことが記されている（27・5・2）。

平成25年4月、安倍晋三総理は『コーポレートガバナンス報告書』に「女性登用の実態」を開示するよう求めた。そして平成25年6月の成長戦略は「すべての上場企業に1人の女性役員を置く目標を掲げたが、女性の取締役がいると記した企業は124社」にとどまっている（26・2・7）。金融庁は、平成26年8月22日、「大手企業や上場企業に女性役員の人数と役員に占める比率を有価証券報告書に開示する（案）」を発表した。政府は2020年までに、指導的地位に占める女性の割合を30％にする目標を掲げている。しかし、現在の上場企業の役員に占める割合は1％程度と見られている（26・8・23）。そのような現状から考えると、きわめて困難な目標値である。重要なことは、数値目標が独り歩きしないことである。数量が重要であるとしても、基本的には「品質の問題」に帰着することを理解しておかなければならない。政府はいったん義務付けを見送ったが、平成26年10月3日、「義務付けの対象を大企業に限定し、企業が目標数値を自ら定める形にした」という。その背景には政府内で女性登用が進まないとの意見が根強いことから、一転して「法律で義務付ける」ことにした。従業員301人以上の大企業が、その対象となる。

中央省庁の史上2人目の女性事務次官に就任した村木厚子が、外遊先のアメリカで講演した中（平成25年9月下旬）で「女性の活用が日本成長のカギ」と述べている。しかし、そこには難しい問題がある。ひとつは「企業で働く女性の中には昇進を望まない人が少なくない」という現実があり、労働政策研究・研修機構の調査によれば「課長職以上への昇進を望む女性は10％で、男性の60％と大きく開いている。役員以上になると男性の16％に対して、女性は1％である。」との結果が出ている。女性が昇進を望まない理由は「仕事と家庭の両立が困難になる」ことが最も多くて40％となっている。2つ目に、女性の昇進に対しては、男性世界以上に「同性の妬み」が強いことにあり、人事部門の責任者がいろいろと気を使わざるを得ないという事情がある。

世界の潮流は、より速いスピードで変革が進んでいる。ドイツ連邦議会（下院）は、平成

27年（2015年）10月23日、「大企業に対して監査役の30％を女性にするように義務付ける法案を可決」している。2016年からの適用である。付言しておけば、ドイツでは監査役会が取締役の選任・解任の権限を有している。そのため監査役は業務執行を行わないが、企業の経営に大きな影響力を有している。本件については「メルケル政権が経済界の反対を押し切って女性比率の義務付けに踏み切った」とされている。ドイツ経済研究所（DIW）によると「監査役の現在の女性比率は20％弱」である。なお欧州では女性の社会的指導層を増やそうとしており、ノルウェー、オランダ、フランスなどが同様の仕組みを導入済みで、ドイツは対応が遅れていたこともあって、メルケル首相が強く勧めたという経緯がある。

女性管理職層の拡大は、日本経済の成長の礎ともなる要素を有しており、「国内の労働力人口が減少するなか、女性の活用は不可欠。海外での人財採用のためにも企業は女性の活用実績を示す必要がある。」という一方「安易な数値目標の設定には注意が必要」であり、また「能力不足の女性をあえて引き上げてしまっては本人にも企業にも弊害を及ぼす」ことになってしまう。日本企業の女性管理職の比率は、2000年代初頭には3％程度であった。2012年でも6・9％にとどまっている。欧米主要国の30～40％と大きな開きがある。

日経が全国の都道府県を対象に調査した平成27年度の女性管理職（課長担当職以上）の割合は、全国平均で7・8％である。最も高かったのは東京都の15・1％である。10％以上の都道府県は、東京都、鳥取県、富山県、神奈川県である。「東京都は２０２０年までに課長級以上の女性比率を20％以上にする目標を掲げる」（27・9・20）が、東京都はたぶん目標を達成すると思われる。その背景には、技術系を含め、都が有用な人材の中途採用の道を開いていることや処遇の良さがある。現実に、わたしが東京都の包括外部監査人をしていた平成14〜16年の3年間の間にお会いした方々の中に、比較的女性の課長職の人がいて「都の中間管理職の中に女性が比較的多い」という感触を持った記憶がある。

帝国データバンクが平成27年8月13日に発表した女性登用に対する「企業の意識調査」によると、平成27年7月時点で女性管理職（課長担当職以上）がゼロと答えた企業が全体に占める比率が50・9％だった。社長を含む女性役員が不在の企業も60％を超えている（27・8・14）。企業に女性の登用を促す「女性活躍推進法」が、平成27年8月28日成立した。これに関して日経は「先行する大手は子育て支援など女性が働きやすく、キャリアを積める職場づくりに取り組むが、ゼネコンなど女性職員そのものが少ない業種ではハードルが高い」と指摘している。なお「女性の活躍を促す主な取り組み」をしている企業として、キリンホールディングス、ダイキン工業、資生堂、全日本空輸、帝人の事例を紹介している（27・8・29）。この法律の骨子は、女性の採用比率や管理職の割合などの数値目標の設定と公表の義務付けであり、適用は平成28年4月からである。

コーポレートガバナンスの視点から検討した場合の女性問題は、その処遇であり「会社役員」である。現実に女性の社外取締役数は増加している。東証1部上場企業（約1、900社）の女性社外取締役は343人で、前年の2・2倍になっている。社外取締役（3、584人）に占める割合は9・6％で、社外監査役でも女性の就任が増えており、186人と前年の30％増となっている。女性の社外取締役の経歴で最も多いのが弁護士で、次が大学の教授、政府機関の出身者（主としてキャリア組官僚）である。問題とされるべき課題は「女性の社内取締役」の就任であるが、この課題の解消はなかなか難しい問題を抱えている（27・9・9）。就業者に占める女性の割合に比較して、女性取締役の社内出身者が極端に少ないという現実があるからである。

監査役と監査役会

日本経済新聞『大機小機』（平成27年10月24日）「東芝事件の教訓」は、以下に示すように、いくつかの問題点を提起している。

① 東芝事件は、東芝以外の企業にも貴重な教訓を残したこと

② 明白な教訓は、社外取締役による経営監視は難しいこと

③難しさの背景として、社外取締役は内部情報を持っていないこと
④経営執行部が知られたくないことを隠すことができること
⑤社外取締役に経営監視のための追加情報を積極的に収集しようとする意欲を持たせることが難しいこと
⑥これらの限界から伝統的な監査役会のほうが有効であること
⑦社外の監査役も、監査役会で社内監査役から深い情報を得ることができるし、調査権もあること
⑧取締役会での議決権はないが、株主への監査報告の内容で株主総会を不成立にさせることもできること

まず③と④に関連した内容としては、わたしは拙著『会計不正と監査人の監査責任』の中で、「社外取締役であり非常勤取締役である監査委員のみで構成されている監査委員会が、効率的・効果的に機能するためには、補佐する事務局が必ず必要になる。監査委員会に、（社内）監査委員が就任していて、常勤監査委員であれば、取締役会以外の重要な会議体たとえば執行役会議、経営常務会等に出席するなど、またはその他必要に応じて、諸種の事業所等に往査するなどしてある程度の情報を入手することができるが、そうでない場合、監査

に必要な情報に不足することになる。監査委員が社外取締役であって、非常勤取締役である場合、その監査行為は大きく限定されることになる。[52]」と、制度上の問題点を指摘しておいた。

②と⑤に関する課題としては、現実問題として企業経営者や大学の教授が5つも6つもの会社の社外取締役に就任している場合があるが、社外取締役としての任務を全うできるのか大きな疑問がある。月1回、定例取締役会に出席していればよいというものではない。社内の主要な管理監督者（主として事業本部長クラスの人たち）とのコミュニケーションも必要であり、事業の現場に往査して、現状を把握することも必要であると考えているからである。また⑧に関連した監査役の役割について言えば、監査役は取締役会で議決権はないとしても、発言する機会はあるし、議事録に出席した監査役は記名押印するわけであるから「問題のある事案の決議」に異議を質さず押印したならば、同意したものと解されることになっているので、責任問題から逃げることはできない。

ところで拙著『会計不正と監査人の監査責任』の中で、監査役の職務に関連して以下のように説明している。なお表題の「監査人」とは、監査役と会計監査人を包含した用語として使用している。[53]

「監査役については、その資格要件（適確条項）について、取締役と同一の要件を求めている。監査役には、法人がなることができないほか、一定の法律の罪を犯した者は就任することができないとされている。ただし、監査役としての知識・経験等の要件は求めていない。したがって、監査人として、その職務を全うできる人物が就任することを法律は求めていないことを意味している。すくなくとも、大会社等に相当する会社にあっては、監査役としての知識・経験等の要件を求めることが必要であったと理解される。現実に、上場会社等においては、株主総会招集通知書に、株主が判断できるように「監査役としての知識・経験等の経歴」を記載している。大王製紙（事件発覚時）においては、社外役員について「会計・監査についての知識・経験を有する」旨の記載がある者が選任されていなかったことが、事件後、問題視された。この背景には、当時の経営者が、当該知験者（知見「知識と経験」者）の選任を望まなかったことと推認される。」

また「大和銀行株主代表訴訟事件」の判決、第三「争点1（内部統制システムの構築に関する任務懈怠行為の有無）」・7「被告らの任務懈怠の有無」の（五）において、以下のように判旨されている。(51)

「監査役は、取締役の職務の執行を監査する職務を負うのであり、検査部及びニューヨーク支店を担当する取締役が適切な検査方法をとっているかについても監査の対象であり、また、会計監査人が行う監査の方法及び結果が適正か否かを監査する職務も負っていた。（中略）社外監査役が、監査体制を強化するために選任され、より客観的、第三者的な立場で監査を行うことが期待されていること、監査役は独任制の機関であり、監査役会が監査役の職務の執行に関する事項を定めるに当たっても、監査役の権限の行使を妨げることができないこと（商法特例法18条の2第2項）を考慮すると、社外監査役は、たとえ非常勤であったとしても、常に、取締役からの報告、監査役会における報告などに基づいて受動的に監査するだけで足りるものとは言えず、常勤監査役の監査が不十分である場合には、自ら、調査権（商法274条2項）を駆使するなどして積極的に情報収集を行い、能動的に監査を行うことが期待されているものと言うべきである。」

また問題とされるべき監査役の責任としては「このように社外監査役に任務懈怠（監視行為に関連して）があった場合、非常勤であることを理由に責任から逃れることはできない。ただし、本件訴訟の結審においては、ニューヨーク支店を往査した監査役に限って、損害賠償請求命令が下されている。往査していない監査役には、下されていない。この訴訟判決があった以降、一層、監査役監査の責任が重くなっていく傾向にある。とくに、必要な監査

（往査）をしなかった場合、実施しないことに正当な理由がないときに、どのような責任が問われてくることになるのか、将来の判例を待つしかないが、現状では、監査役としては、取締役会を中心として、監視責任が負わされていることから、十分かつ適切な監査を実施していく必要がある。[55]」というべきである。

不祥事が起こりやすい企業には、それなりの理由や原因がある。井上泉は『企業不祥事の研究』の中で「不祥事が起こりやすい企業の7つの特徴」を挙げている。その②が「営業・成果偏重主義」であり、「マーケットシェアや売上高目標をライバル企業を意識して異常に重視する企業は、個々の社員にもそのようなパフォーマンスを要求し、成果評価もその達成度合いに応じて厳しく行われることが多い。したがって、目的のためには手段を選ばない風土に陥りやすい」と指摘している。その上で監査役の機能について「『監視』には、業務執行からの独立性が不可欠である。業務執行の責任を負うものが自らを監視することは、一定の範囲では可能であるが、自らを律することに内在的な限界があり、また外部から見ても透明性や公正性、客観性への疑いを避けることができない[56]」と説明している。

改正会社法は平成26年6月に成立し、平成27年5月1日に施行された。その主要な改正点は「コーポレートガバナンスの在り方」と「親子会社関係に関する規律の整備」である。今次の改正においては「監査等委員会設置会社」の制度が創設された。これは、従来の委員会等設置会社（今回「指名委員会等設置会社」と改称された）と並んで設けられた新しい制度である。その背景として、委員会等設置会社への移行が少なく「監査役会設置会社」が依然として多いという事情がある。委員会等設置会社はこれまで、経営者には使い勝手が悪かったという反省からの監査役会設置会社との中間的位置付けとして設けられたようである。平成27年8月現在、２００社超の会社がその採用を予定している。[57]

社外取締役の義務化の方向にある現況下、監査役会設置会社に比べて社外役員の就任人数が少なくて済むというより現実的（形式的）な理由がある。経済的理由があるとして、現実的（実質的）な理由（支配的影響力）は「より少ない社外役員でよい」とされるこの制度を利用するということであるから、上場会社（公開会社）としての株主等の利害関係者に対する姿勢としてはいかがなものかと考える。稲葉威雄は「監査等委員会設置会社・指名委員会等設置会社（ともに公開大会社向けの単一・完結的な機関設定）は、公開大会社の監査役会設置会社に代わる選択肢であり、同時に監査機能を取締役会に取り込むことによるシステムの変容」であると説明しているが、旧委員会等設置会社であったソニーや東芝のケースを見ても、それが成長力ある企業への変容を遂げているとは言えない。なお稲葉威雄は「監査役は、取締役等の他の統治機関と協働（連携）して良き企業統治の実現を図るべきである。そこでは、他の機関のあり方にも注目する必要がある。」とした上で「監査役は議決権こそないが、その主要な構成員であるから、その機能向上の責務を負うことは改めて意識すべきである。」[58]と説明している。

独立社外取締役と社外取締役会

日経は「上場企業で複数の社外取締役を導入する会社が増えている。（中略）政府は社外取締役を複数置くよう促す指針の導入を議論するが、大手企業では先取りが進む。一方で複数企業の社外取締役を1人で兼務する事例も増えており、人材不足が浮き彫りになっている。」（26・9・2）ということから、企業と役員候補者との「需給のミスマッチ」が起きているということになる。しかし企業が自分の都合の良い人を求めている限り、その解消は困難である。また他方において特定の人（いわゆる「有名人」とか現職経営者）を求めていることなどから、役員候補者の限界があるのではないかと思われる。その一面として、特定の人がたとえば大学の教授で5社以上の役員を兼務しているなどのケースがある。そのような場合、取締役としての役割の遂行と本務（授業や他の業務）に支障がないのか懸念している。その大きな理由のひとつが日程調整であり、2つに定例取締役会にのみ出席していれば職務を全うできるということにはならないからである。

また同日の日経は「東京証券取引所の1部上場企業の中で、社外取締役を2人以上置く企業は全体の34％だったが、主要１００社に限れば80％以上が複数の社外取締役を置いている」と説明しているが、「問題は数ではない」ことを理解しておかなければならない。東芝のような事例もあり、その「質」が問われている。現実的課題は「取締役会の運用の在り方」にある。また「形式基準には弊害がある」との反対意見や「1人では孤立するので、複数の社外取締役の登用は当然のことである。」とし、その上で「海外ではアメリカ、イギリスが取締役の半数以上を社外にするよう求めている」（26・11・1）と主張している。そうであってもアメリカやイギリスにおいて「不正会計」が撲滅されているわけではない。それは「必要要件」であっても「十分要件」を充足していることにはならないからである。そのために「継続的な制度改革」が必要であることを意味している。さらに言及すれば、あくまでも私見であるが、任意の機関設定としての「独立社外取締役会」の設置と機能的開催が求められているというべきである。

日経『大機小機』は「社外取締役は日本に必要か」の中で「またも会社法が改正され、企業経営者や長期投資家から見ると無意味な規制が強化された。独立した社外取締役導入の規制強化である。さすがに法律上の義務化は見送られたが、導入への圧力は強まった」と辛口の批判を行っている。さらに「なぜ大きな効果が期待できない社外取締役の導入に圧力がかかるのか。」（26・8・26）と疑問を呈している。それはこれまで幾度も制度改革を行ってきているけれども、不正会計が抑止されず、毎年のように、相次いで発生し、利害関係者に経済的犠牲を強いていることならびに証券市場の透明性、信頼性に大きなマイナスの影響を与えているからである。証券市場の発展と信頼性の高揚は、経済成長の基礎的要件であり、国家戦略にとって重要な要となっているからである。

取締役会が有効に機能するためには、「経営者の運用姿勢」が重要なキーワードである。審議するかどうかの議案提出権を握っているからである。社外取締役は、そのような「経営者による取締役会の運用姿勢」を慎重に評価しなければならない。不十分な場合、議案の提出などについて追加もしくは訂正を申し入れるべきである。そのようなことから、わたしは次のように辛口の批判を行っている。カネボウ、オリンパス、大王製紙など多くの不正会計事件で、取締役会が機能していなかったことが指摘されている。ひとつに、重要な案件が議案として取り上げられていないこと、審議案件であったとしても、十分な説明がされていなかったのかもしれない。しかし、決算案件の場合、会計知識がある者が概要を見れば容易に不信感を持つなり、異常性を見分けることができたと思われるところであるが、質疑した様子がないと報道されている。ふたつには、そのような企業では、その場合、質疑しそうな者を取締役として選任していないとされている。それでは、有効な取締役会は機能しないはずである。

権限は、裏返せば義務である。監査役会設置会社の監査役には「取締役会で発言することができる」とされている。監査役には議決権はないが、取締役会に出席した監査役は取締役会の議事録に記名押印しなければならないことから、取締役会の審議の過程において「発言する権利を有しかつ義務を負っている」ものと理解すべきである。したがって不適切な議案に対する評決もしくは不十分な審議案件に対する評決があった場合には、安易に記名押印（賛意）すると責任問題が発生してくるので、十分に注意して議事録に記名押印することが肝要である。

コーポレートガバナンス・コードに関連して、塚本英臣は「監査役会設置会社について、取締役会にも独立したメンバーを置くことについては、屋上屋を架す印象があることは否めない(59)」と言っているが、監査役会設置会社における社外監査役と社外取締役の役割は異なるので「屋上屋を架す」という表現は当たらないと考えている。監査役は業務監査を行うとしても、主要な監査対象は会計監査である。社外取締役の主要な執務は、取締役会の運営における監視・監督の職務である。その意味では決して重複する役職ではないと思っている。

現実に「業務執行者に対する監督機能」を果たし得るかは、きわめて重要なもしくは困難な責務・職務であると考える。荒蒔康一郎は『私の履歴書』の中で、戦後の財閥解体の時にキリン、アサヒ、サッポロはほぼ同一の売上規模であったが、その後の経済成長の波に乗ったキリンが独走態勢に入った。しかしアサヒが「スーパードライ」で成功してから、アサヒの高い成長にキリンが追いまくられていった。そして「アサヒビールは10年前に発売した『スーパードライ』に経営資源を集中させる戦略が当たっていた。一方、キリンの戦略は迷走気味。生ビールをアピールするドライの勢いに対抗して『ラガー』を生にリニューアルするとシェアを落とし始めた。危機的状況なのにどこか現実を直視できない雰囲気であった。」（27・9・26）さらに追い打ちをかけるような状況を見ることになる。「最盛期の夏、関西の卸会社の倉庫に山積みにされたキリン製品を見て愕然としたことがある。」とし、その理由が「需要以上に製造し、卸会社に引き取りをお願いしていた」ことにあった。そこで「取り繕っても結局は解決にはならない。こんなことはもうやめよう。」と決断するにいたった。この「勇気ある決断」はビール会社の「トップランナーの看板を下ろす」（27・9・27）ことであり、順位自体が大きな看板（名誉・信用）であるその看板を外すことであるから、経営者に近未来に対する強い自信がなければ、なかなかできない決断であったと考える。

社外取締役が現実を認識していたとしても、「もう無理をせずトップランナーの看板を下ろしたらどうですか」と経営者に向かっては言えないことだと考えるが、無理をして「目標利益を確保したい」という経営判断」に対して言わざるをえない場面に出くわすことはある。そのような場合に、社外取締役の役割が求められている。また塚本英臣は「業務執行者に対する監督機能を期待して導入される独立社外取締役が取締役会における審議・決定に関与すべき事項は、経営計画の策定、業務執行者の業績の評価および業務執行者の人事（業務執行者の候補者の指名および業務執行者の報酬）という業務執行者の監督にとって必要となる事項を中心にして考える必要があり、かつ、それで足りると考える。[60]」と記述している。上記の「業務執行者の監督・評価」を適正、公平かつ適切に行うためには、日常の業務執行者の業務（仕事の内容）を十分に理解していなければならないので、現業部門への往査や対話が必要不可欠になってくる。

註

（1）守屋俊晴、前掲書『会計不正と監査人の監査責任』、v頁。

（2）日本経済新聞、27・5・1『私の履歴書』。

この事業年度の最終赤字は7、000億円超を計上したと記載されているが、当時の新聞記事を思い起こすと実質的赤字はもっと小さくて、7、000億円超のうちの約2、000億円は繰延税金資産の取崩額であった。2008年（平成20年）3月期は、トヨタをはじめ好決算を出していたので納税額も多額であった。そして9月は中間決算期（第2四半期）で、リーマン・ショックによる影響がまだ現れていなかった時期であるから、大企業を中心として中間納付（前年度実績の半分）を11月（3月決算会社を前提とした場合）に行っている。そして平成21年3月期に巨額の赤字会社が増加して、7月には全額還付となっているので、国家の歳入予算（歳出の増加）にも大きな影響を与えている。

余談であるが、わたしが首都大学東京の監事をしていた時、平成17年4月以降の6年間の前半4年間は、川村隆氏は日立マクセルの会長で、首都大学東京の外務委員を務めていられた。月1回開催される理事会に毎回出席されていて、ほぼ斜め真向かいに座られていたので、よく存知あげていた方である。そのような縁もあって、本章の中でいろいろと参考にさせてもらうことにした。

（3）日本経済新聞、27・5・22『私の履歴書』。

（4）日本経済新聞、27・5・24『私の履歴書』。

（5）川村隆『ザ・ラストマン　日立グループのV字回復を導いた「やり抜く力」』角川書店、2015年3月、1頁。

本書における「ザ・ラストマン」とは「最後に責任をとろうとする意識のある人」という意味合いの言葉であり、沈みゆく艦船に最後まで残る人からきているとも読み取れる。映画『タイタニック』で最後まで船長が残ることはもちろんのこと、バンド演奏者が最後の乗船客が下船するまで演奏していて、最後に傾いた甲板を滑り落ちるシーンが映し出されている。なお、タイタニック号を題材とした映画は数多く作成されている。本書におけるラストマンは、本人が1999年7月に遭遇したハイジャック事件にたまたま乗り合わせていて、その時に、これまたたまたま非番で乗っていたパイロットの勇気ある機転で一命を取り留めたことの印象が強いようである。そして本人は「緊急時にこそラストマンになることが必要である」（18～19頁）と主張している。

（6）前掲書、32、33頁。

（7）前掲書、182、183頁。

そしてここでは「国内の執行役は、開拓者精神を持ってやっているつもりでも、海外の一流企業のトップを務めてきた取締役たちから見ると、まだまだおとなしすぎるようである。」と説明している。

日本経済新聞、27・10・19『社説』「8兆円買収が問う経営改革」。

ここでは、パソコンのアメリカ・デル社がデータ記憶装置の大手であるアメリカＥＭＣを約8兆円で買収すると発表したことについて「リスクをとって経営の革新に挑む姿勢は、業界を問わず企業が注目すべきもの」と記述している。デル社は、2000年代に入ってＩＴ機器の主役がパソコンからスマートフォンに移っていく過程で、業界の潮流の変化にとり残され失速した。そして「13年にはＭＢＯ（経営陣が参加する企業買収）によって非上場会社となった。短期的な利益を求める株主の圧力から逃れ、長期の視点で立て直すためだった。そして打ち出したのが今回の買収だ。」と評している。その上で「浮き沈みのあるデルの歴史は、自己を変革し続ける努力なくして企業は競争力を保てないという現実」を示していると企業活動の永続性保持への警鐘を鳴らしている。その背景として「グローバル化や顧客ニーズの多様化で、画期的と思われた製品や技術もあっという間に古びる時代になった。」という現実がある。

東芝が不正会計に走った背景には、デル社と同様にパソコン事業などにみられるように、業界の潮流の変化にとり残されていき、失速した事業が多かったことがあったものと考える。

（8）『旬刊商事法務』2015・8・25、No.2076「スクランブル」、70頁。

本書では、東芝の第三者委員会の『調査報告書』を参照に「このような不適切な会計処理が発生した原因として、直接的には、経営トップらの関与を含めた組織的関与、当期利益至上主義と目的必達のプレッシャー、巧妙な会計処理手法等、また、間接的には、内部統制やガバナンスが機能していなかった点等を挙げている。」と組織の内部に病巣があったことを指摘している。これだけの大規模な組織の中に多くの人たちがいて、カネボウやオリンパスなどいくつかの不正会計事件を見聞きしているにもかかわらず、反体制派（正義漢のある人たち）の人がいなかったのか、大きな疑問のある不正会計事件であった。

（9）川村隆、前掲書、108~111頁。

（10）マイケル・モーリッツ、バレット・シーマン共著、前田俊一訳『クライスラーの没落（GOING FOR BROKE : THE CHRYSLER STORY)』1982年3月、ティビーエス・ブリタニカ、156、158、191頁。

（11）前掲訳書、189頁。

(12) 守屋俊晴『監査の実践技法　内部統制部門・監査役・公認会計士の業務と責任　第2版』中央経済社、平成8年11月、8頁。
(13) 前掲書、11頁。
(14) マイケル・モーリッツ、バレット・シーマン共著、前田俊一訳、前掲訳書、195、199頁。
(15) 前掲訳書、201、209頁。
(16) 守屋俊晴、前掲書『会計不正と監査人の監査責任』、18、19頁。
(17) 守屋俊晴、前掲書、38頁。
　本書で、わたしは「わたし個人としては「信頼を基礎にした監査」が必要であると考えている。いわゆる「性善説」である。懐疑心を持った監査姿勢では、たとえば、経営者とのディスカッションにおいて「貴方は嘘をついていますね」、「貴方は不正をしていますね」の前提で、意義ある対話ができるのだろうか、大きな疑問のある監査手法である。また、監査役とのコミュニケーションにおいても同様である。（中略）わたし個人としては、人を「信じる」ことからスタートする。信じる、信じたいから、信頼するに足る監査証拠並びに当該監査証拠の事実性、真実性を確認することになる。経営者の作成する財務諸表は信頼できるものであるという前提で監査を実施している。企業が構築し、運用している内部統制の信頼性が無い限り、会計監査は、あまりにもリスクが高い業務となる。」（38～39頁）と指摘している。

(18) デイビッド・ハルバースタム　高橋伯夫訳『覇者の驕り　自動車・男たちの産業史』（訳書名「上・下2巻」）昭和62年4月（上）、同5月（下）、日本放送出版協会、（上）、54頁。
(19) 前掲訳書（上）、56頁。
(20) 前掲訳書（上）、123、124頁。
(21) 前掲訳書（上）、343頁。
(22) 前掲訳書（上）、344、345頁。
それに代わって台頭してきたのがスタッフ部門である。その具体的な現れは「ビジネス・スクールの出身者が増え、昔の計算尺に替わってコンピューターが登場し、このためにあらゆる概念を数量化して、数字で表す能力が一挙に高まった。コンピューターは、財務部門の人々にとって強力な新兵器となった。以来、彼らは年毎に、財務上の細かい点まで把握できるようになり、社内でこれを使う技術を身につけていった。コンピューターの到来とともに、財務部門のスタッフは、まるで武装した預言者のようになった。」（346頁）ことに見られる。
(23) 守屋俊晴、前掲書『監査人監査論』、141頁。
(24) 前掲書、196、197頁。
(25) イアイン・マーチン、冨川海訳『世界最大の銀行を破綻させた男たち（Making It Happen Fred Goodwin, RBS and the men who blew up the British economy）』WAVE出版、2015年4月、37頁。

本書の主人公である元会計士の経営者グッドウィンについて、本書（訳書）は「バンカーとしてではなく会計士として業礎を築いたグッドウィンは細部にとらわれた。しかしながら、極めて重要だが厄介な例外があった。ＲＢＳの中で金融危機で最もダメージを受けることになる投資銀行部門に関し、この前社長のグリップは非常に弱かった。明らかに事態が悪化し手が付けられなくなるまで彼の関心の対象ではなかった。」（13頁）という。また「会計士から銀行経営者に転身した若いフレッド・グッドウィンが小さいながら野心的なエディンバラの銀行の経営に乗り出したのは、こうした刺激的な環境であった。『我々をＪＰモルガンよりも大きくしたい』。グッドウィンは銀行関係者に語っている。ほんの数ヵ月間だが、彼はその望みを果たした。そして２００８年の後半、ロイヤル・バンク・オブ・スコットランドは、チープ・マネーを享受し長く続いた好況を謳歌した他の金融機関と共に破綻した。」（15頁）

(26) 前掲訳書、70、71、74頁。

(27) 前掲訳書、93頁。

(28) 『中央商科短期大学研究紀要』17号、守屋俊晴「金融の虚構と粉飾」追補稿、平成8年9月、95頁。
　本書の第三章第6節で「ＢＣＣＩの崩壊」として記載しているので、ここでＢＣＣＩの金融事件に多少（上記論文の要点）触れておきたい（82～95頁）。本書が参考にした文献は「Ｊ・ビーティ／Ｓ・Ｃ・グウィン共著、澤田博・橋本恵共訳『犯罪銀行ＢＣＣＩ "THE OUTLAW BANK"』ジャパン・タイムズ１９９４年12月」である。

1965年に、事件の主人公アガ・ハサン・アブディが初めてトルーシャルオマンを訪問した。アブディとトルーシャルオマンのザイド首長（アブダビのアン＝ナハヤン家の代表）のふたりがこの事件の主人公である。ザイド首長は、アブダビの首長であるとともにアラブ首長国連邦の大統領であった。アブディはパキスタンの出身で、1970年代初頭までに、ザイド首長はオイルダラーをアブディの銀行ユナイテッド・バンクに預けるようになっていた。アブディはパキスタン国内の第3位の銀行の頭取に就任するとともに、ザイド首長の直属の投資顧問に納まっていた。アブディは世界各国に進出していったが、アメリカの銀行監督局は信用していなかった。アブディはロンドン支店にいながら、アメリカを目指していた。アメリカでドル預金を集め、ドル決済をする能力がなければ、ドルが国際通貨である限り、真の国際銀行とはいえなかったからである。チェルシー・ナショナル・バンクやバンク・オブ・コマースという銀行の買収を試みたが、ニューヨークの銀行監督局の猛烈な反対に遭い失敗している。

会計監査を担当していたプライス・ウォーターハウス（以下「PW」という）は、監査報告書の中で「BCCIの元帳に巨額の穴がある」ことを指摘してきた。その監査意見がBCCIの調査のきっかけとなった。BCCIタンパ支店が1990年1月、不正資金浄化で有罪になったことから、PWは「強い疑念（職業的懐疑心）」を持つことになり、1990年3月の監査報告書で「世界各地の支店で問題を発見した」と警告を発した。焦った経営陣は急遽、内部監査を命じた。結果は「外部監査よりもさらに事態が悪化している」ことが判明した。それらの中では「本来あるべき財務に関する書類もないまま、巨額の資金が口座から口座へと、貸し出されたり、移されていた。さらに多額の資金が紛失していた」ことが判明した。

１９９１年7月には、欧米の金融当局がＢＣＣＩの制裁に乗り出し、イギリス、アメリカ、カナダ、ケイマン諸島、スペイン、スイスの金融当局が一斉にＢＣＣＩの営業停止に踏み切った。これによってＢＣＣＩの推定２００億ドルとされる資産の75％が凍結され、金融市場は大混乱に陥った。預金者から２００億ドルの預金を預かっていたが、支払可能な資産は20億ドルに満たなかった。とくに打撃を受けたのはイギリスの預金者であった。資金の多くが、ケイマン諸島にあるＢＣＣＩの子会社に対する「無担保借入金」勘定に消えていた。アブディはふたつの会計事務所をうまく使い分けていた。１９８６年にアーンスト&ヤング社は、ケイマン諸島で増大している口座を監査できないならば、監査報告書を出せないとしてＢＣＣＩの会計監査を辞退した。そしてＰＷが残った。ＰＷは１９８５年から「ＢＣＣＩの悪質な経営体質に気づいていた」が、１９８７年、88年、89年と「無責任な監査報告書」を提出していた。その背景には、同事務所に対してＢＣＣＩのバルバドス支店から59万7、０００ドルの融資が行われていたという事実がある。虚偽で塗り固められたＢＣＣＩの帳簿を調べても、紛失した巨額の資金の行方は不明で、結局、ＢＣＣＩの兵器取引に使われた何百ドル、何億ドルもの巨額の資金は、簿外で動いていた。そして不正資金浄化や麻薬密売の利潤も、帳簿には乗っていなかった。

(29) 前掲訳書、１１６頁。

(30) 前掲訳書、161～163頁。
(31) 前掲訳書、252頁。
(32) 前掲訳書、270頁。
(33) 前掲訳書、281～282頁。
本書は、この時期の会計事務所は「彼らが抱いた懸念を知らせるために、少なくとも規制当局であるFSAと適切な対話を持っていたのであろうか。」と疑義を呈し、「再び、これも否である。」と結んでいる。そして対話なき規制当局の姿勢について「イングランド銀行が規制を担当していた時には、そうした接触があった。1997年にトライパーティー・システムが確立されて以降は、そうしたものはほとんどなくなっていったように思われる。」と制度設計上の問題点を指摘している（282頁）。
(34) 前掲訳書、318～321頁。
(35) 前掲訳書、339、344頁。
本書の「おわりに」において、著者は取締役会として「グッドウィンを制止する機会があった。しかし、RBSのほぼ誰も実際にそれを試みようとはしなかった。何故だろうか。（中略）関係者の多くが大金をかせいでいた。」からであり、「彼らが発言を躊躇ったのは自身が何百万ポンドも着服しているという事実ではないだろうか。」（385頁）と批判している。
(36) 前掲訳書、353、354、358頁。

(37)『旬刊商事法務』No.2027、2014・3・15号、スクランブル「日本版スチュワードシップ・コードによる株主総会への影響」、58頁。

(38) 油布志行『旬刊商事法務』No.2068、2015・5・25号、「コーポレートガバナンス・コードについて」、6頁。

また油布は、日本監査役協会の講演の中で「イギリスやアメリカは、放っておくとリスクを取り過ぎる経営の体質があるので、これをガバナンスで適正なバランスに持っていこうとしている。一方、日本ではリスクを取らない企業行動が散見される状況にあるとすれば、それをもう少し経営者の方々に自由に経営手腕を発揮していただいて、適切なリスクを取っていただくようにアカウンタビリティーを整える、そういう発想の下でこのコードがつくられています。」と説明した上で「今回の成長戦略アプローチは、基本的に外国からも高い評価をしていただいたようです。」と記述している。

『月刊監査役』No.640、2015・5・25、「コーポレートガバナンス・コードについて」、11頁。

(39) 神作裕之、前掲書『旬刊商事法務』、「コーポレートガバナンス・コードの法制的検討—比較法制の観点から—」、13頁。

(40) 前掲書、14、15頁。

(41) 武井一浩『旬刊商事法務』No.2069、2015・6・5号、「ガバナンス・コードを踏まえた取締役会の機能性と自己評価」、6頁。

(42) 前掲書、14頁。

(43) 太田浩・髙木弘明・泰田啓太『旬刊商事法務』No.２０７０、２０１５・６・15号、「コーポレートガバナンス基本方針の策定に向けた実務対応―日本取締役会ベスト・プラクティス・モデルを踏まえて―」、17頁。

(44) 前掲書、17頁。

(45) 守屋俊晴、前掲書『会計不正と監査人の監査責任』、73～74頁。

(46) 藤塚主夫『旬刊商事法務』No.２０２６、２０１４・３・５号、「小松製作所の取締役会運営とコーポレートガバナンス」。

(47) 土井淳・澤田摩周『旬刊商事法務』No.２０２７、２０１４・３・15号、「日立製作所の取締役会運営とコーポレートガバナンス」。

(48) 藤田州孝『旬刊商事法務』No.２０２８、２０１４・３・25号、「ソニーの取締役会運営とコーポレートガバナンス」。

(49) 日本経済新聞、27・9・27『私の履歴書』。

荒蒔康一郎（キリンビール元社長）は、２００１年（平成13年）1月、本社社長の佐藤安弘から東京・新川の本社に呼ばれて「次やってくれよ」と言われ、「キリンの社長就任の話であることは鈍感な私でもわかった」と述べている。このように社長が後継者の人事権を保持していることが、社長としてある意味で最も重要な要件なのである。それは社長退任後の待遇のあり方に現れてくる。

(50) 山田直道・斎田隆『旬刊商事法務』No. 2029、2014・4・5号、「コニタミノルタの取締役会運営とコーポレートガバナンス」。

(51) 藤野隆・上田敏裕『旬刊商事法務』No. 2030、2014・4・15号、「旭硝子の取締役会運営とコーポレートガバナンス」。

(52) 守屋俊晴、前掲書、273頁。

(53) 前掲書、267頁。

(54) 『旬刊商事法務』No. 1573、平成12年10月5日号。「大和銀行株主代表訴訟事件判決（特集号）」商事法務研究会。

(55) 守屋俊晴、前掲書、142頁。

(56) 井上泉『企業不祥事の研究　経営者の視点から不祥事を見る』文眞堂、平成27年7月、22、290頁。

(57) 日本経済新聞、27・7・25。

東芝は、業務執行と監査の機能を分離した委員会等設置会社に2003年（平成15年）に移行した。16人いた取締役のうち、社外取締役は4人いた。そして日経は「しかし2人は元外務官僚、1人は学者で、経営経験者は1人だけ。組織的に行われてきた不適切会計を止められず、企業統治が形骸化していたとの批判は免れない」とし、また他の事例をも含めて「弁護士などは本来、経営の助言者だ。元官僚も天下りの一環に見える」と批判的に指摘している。

(58) 稲葉威雄『月刊監査役』「今後の監査役の在り方を考える—改正会社法、コーポレートガバナンス・コード等を踏まえて」No.641、平成27年6月号、26、29頁。

(59) 塚本英臣『旬刊商事法務』「独立社外取締役の活用と取締役会上程事項の見直し」No.2080、2015・10・5号、35頁。

(60) 前掲書、39頁。

あとがき

不正会計は、日本だけの問題ではなく、世界全体に拡散している経済事件であり、また、最近の問題ではなく、長い歴史の中で行われてきた歴史的事実である。そのため、どのように規制を強化しようとも不正を絶滅させることはできない。人間に「欲得の心情」がある限り、いつの世にも深く蔓延《はびこ》っている。その根絶は難しい。それゆえにこそ最高首脳者には、国民や利害関係者の付託に応えられる政治哲学や経営哲学（職業倫理観）を持って意思決定し、自らの行為を律していかなければならないのである。常に自らに問い、矜持を正す精神を保持していることが求められている。言うには易しく、行うに難しいことで、現実に「人間の本性」は苦境に追い込まれたときに現れる。

サブプライムローン事件をきっかけとして発生したのが世界金融不況であり、それに追い打ちをかけたのがリーマンブラザースの経営破綻であった。その時期まで世界を席巻《せっけん》してきた韓国の大手造船会社が不況に陥った。2位の大宇造船海洋が平成27年に不正会計が発覚して経営危機が表面化した。ビッグ3のうちの1位の現代重工業も、3位のサムスン重工業も、財務体質を悪化させていて救済できるような状態ではなくなっていた。世界金融不況後、韓国の造船会社は、海洋プラントなど無理な受注に注力して、安値受注と技術能力以上の受注に走り、過剰受注と技術力不足のため工事完成の遅延が相次ぎ、工事損失を急速に悪化させていった。現代重工業などが早くから損失を計上して、リストラに手を加えていったのに対して、黒字決算を継続して出していたのが大宇造船海洋である。市場や競合他社などからは疑問の声が出ていた。この経済環境下の黒字決算という異常ともいえる経営成績に対して、監査人や他の経営管理者が職業的懐疑心を抱かなかったのか疑問のある事例である。ともかく平成27年にいたって不正会計が発覚したことから、検察が背任の疑いで経営陣の捜査を始めたという。そして平成25年12月期までの3年間の決算修正を行った。この連結最終損益は累計で4兆6、300ウォン（約4、400億円）の赤字を出すにいたって経営危機が表面化した（28・4・14）のである。ここにも証券市場だけでなく、株主、取引先、従業員などの利害関係者を欺く計画的犯罪（不正会計）が行われていた事実が明らかにされた。

東芝の事件をきっかけとして、不正会計が行われる背景やそれが隠されていく環境については、M&Aが世界的規模で行われ、企業経営がグローバル化していくことによって、各国の風土や政治・経済・会計・税務その他教育（躾のあり方を含む）の相違などによる違和感の解消に時間がかかるなどから世界を統一した「一体的な経営体制」の定着が進んでいかないことが多いようである。そのため諸種の管理運営環境において、不正や誤謬が発生していく土壌がある。それらを解消していくためには相当程度の管理経費と多くの人材の投入が必要になることから、躊躇する経営者が多くなっているのが実情である。それはまず「利益の拡大化」が優先され、管理運営システムの改善もしくは一体経営の導入などに要する費用と人材の投入に二の足を踏む傾向が多いのも事実である。問題が発生してからの事後費用が巨額となることから、費用対効果をも考慮して必要な費用を惜しんではいられないのが本当のところである。信頼性の高い財務書類の作成のためには、必要なコストと考えるべきである。

日経の『社説』は「監査法人の信頼を高めるためには」と題して以下のことを報じている。まず「個々の会計士の力量や心構えに頼るだけでは、東芝のような会計不祥事は防げない。」とし、次いで「専門家の集まりである監査法人では個々人の自立心が強く、組織として規律が働きにくい傾向があった。」（28・3・18）という主張をしているが、多分、本当のところは「契約解除の恐怖心」が何らかの形で働き、伝家の宝刀である「NO」という意思決定を下すことができなかったものと推認される。政府・自民党は、平成28年3月4日、監査法人の経営規範を示す「ガバナンス・コード（統治指針）」を平成28年内に作成する方針であることを公表した。その指針の中では、「監査法人と企業との馴れ合い防止策」を盛り込むことにしているということであるが、近年の傾向としては、むしろ現実的監査環境の中では、監査法人（監査責任者）と企業（経理担当責任者）との間で、距離が生じていることが多いと感じられるケースがある。比較的多くの監査法人退職者の話によれば、従前に比して必要かつ十分なコミュニケーションが必ずしも行われていないことがあるように思われる。この監査人と企業との深度あるコミュニケーションは、今後、一層重要な監査要点となっていくものと思われる。

日本公認会計士協会は、平成28年1月27日、会長通牒「公認会計士監査の信頼回復に向けた監査業務への取組」を発布した。経営者の経営判断のリスクに慎重に対応する必要性を説き、とくに「財務諸表の重要な虚偽表示（筆者注：「不正会計」）に経営者が関与する場合、経営者の姿勢は組織全体に大きな影響を及ぼし、また、その地位を利用して内部統制の無効化をもたらす。」リスクがあるとし、「経営者による内部統制を無効化するリスクは、全ての企業に存在する。」ことから「職業的懐疑心をもって批判的に評価する必要がある。」としている。そして職業専門家としての懐疑心については「被監査会社の説明を鵜呑みにすることなく、説明の裏付けとなる適切な監査証拠を入手する。」必要があると強調している。本書の本文の中でもいくつか触れてきたところであるが、現実に、会社からあるいは経営責任者から説明を受けて「監査意見表明の心証」を得たことから、追加監査手続を実施していないし、必要かつ十分なコミュニケーションを行っているので、とくに監査調書を作成していないなどの弁明を聞くことがある。監査調書は、監査人が適切な監査を実施した経緯とその結果を簡潔明瞭に整理したものであり、自己の行為を立証する唯一の証明書類（証拠）であることを十分に理解しておく必要がある。この会長通牒は、これらの反省を求めるとともに、より深度ある監査手続の実施と適切な監査証拠の入手を求めているものと理解している。

最後に、本書を書き終わるに当たって、本書に書き表した人名は、すべて敬称を省略して表示していることをお断りしておくことにする。

《著者紹介》

守屋俊晴（もりや・としはる）

昭和44年3月　明治大学大学院・商学研究科修士課程　修　了
昭和47年3月　明治大学大学院・商学研究科博士課程　単位取得
平成17年4月～平成23年7月　公立大学法人首都大学東京・監事
平成18年4月～平成26年3月　学校法人法政大学・会計大学院・教授
平成18年6月　ニフティ株式会社・独立社外監査役（現任）
平成18年6月～平成27年6月　富士通フロンテック株式会社・独立社外監査役
平成19年6月～平成27年6月　帝人株式会社・独立社外監査役
平成22年4月　学校法人神奈川歯科大学・監事（現任）

著書（単著　平成28年4月1日現在）
企業会計の理論と実践　平成6年11月　中央経済社
監査の実践技法　改訂版　平成8年11月　中央経済社
地方自治体の情報公開と監査　平成9年9月　中央経済社
外部監査制度と地方公営企業　平成11年9月　中央経済社
取締役の企業統治責任　平成15年6月　中央経済社
環境破壊―自然環境再生への展望―　平成20年9月　東洋出版
大学経営論―大学が倒産する時代の経営と会計―　平成21年5月　東洋出版
租税法の基礎　平成23年7月　東洋出版
監査人監査論―会計士・監査役監査と監査責任論を中心として―　平成24年4月　創成社
会計不正と監査人の責任―ケーススタディ検証―　平成26年4月　創成社

（検印省略）

2016年6月20日　初版発行　　略称 ― 不正会計

不正会計と経営者責任
―粉飾決算に追いこまれる経営者―

著　者　守 屋 俊 晴
発行者　塚 田 尚 寛

発行所　東京都文京区春日2－13－1　株式会社　創 成 社

電　話　03（3868）3867　ＦＡＸ　03（5802）6802
出版部　03（3868）3857　ＦＡＸ　03（5802）6801
http://www.books-sosei.com 振　替　00150-9-191261

定価はカバーに表示してあります。

ISBN978-4-7944-5059-3 C0234
Printed in Japan

組版：トミ・アート　印刷：平河工業社
製本：宮製本所
落丁・乱丁本はお取り替えいたします。

創成社新書

創成社刊